ハーバードはなぜ日本の「基本」を大事にするのか

佐藤智恵

日経プレミアシリーズ

はじめに

この本は『ハーバードでいちばん人気の国・日本』の続編にあたるものです。

今回、続編を書いた動機は2つあります。1つはどんな日本企業や日本人リーダーがハーバード大学経営大学院で新たに注目されているのかを最新情報とともにお伝えしたいと思ったこと。もう1つは「ハーバードの教員や学生は日本から何を学んでいるのか」をさらにつきつめたかったこと。前作を執筆したときに、「国や文化を超えた普遍的なこと」を学んでいるのは何となくわかったのですが、それをもう少し深堀りしてみたいと思ったのです。

取材を進める中で浮かび上がってきたのは、ハーバードの教員や学生が、リーダーとしての「基本」、良き地球市民としての「基本」を日本から学び取ろうとしていることでした。インタビューの最中に「日本人にとっては当たり前のことかもしれませんが、これはリーダーとしてとても大事なこと」「日本企業の事例はものすごく経営の本質を考えさせられる」といった言葉を何度聞いたかわかりません。

さてここでお伝えしておかなければならないのは、本書は2018年から2020年初頭に取材した内容をまとめたものであり、新型コロナウイルスとともに生きる「ウィズ・コロナの時代」を想定して書かれたものではないことです。

平時に取材し、平時に出版することを前提として書かれた本が、非常事態の今、どれだけ読者の皆さんの役に立つことができるのだろうか。刊行が延期されてからの3カ月、ずっと考え続けてきました。

一時は1年ぐらい延期することも考えましたが、この状況下であえて出版しようと決断したのは、この本が経済危機を迎えつつある日本にとって重要な示唆を与えることができるのではないかと思ったからです。

2020年、新型コロナウイルスの感染拡大は私たちの世界を一変させました。人々の健康と安全が脅かされ、世界経済は未曾有の危機に陥りました。こうした中、企業は何のためにあるのか、企業のリーダーは何を最優先して決断するのが正しいのか、といった本質的な問題が問われています。

人類はこれまで多くの未知のウイルスに打ち勝ってきたとはいえ、しばらくは新型コロナウイルスの脅威とともに生きていかざるをえないのは紛れもない事実。このことがどれだけの打撃を世界経済に与えるのかは、全く予測不能な状態です。今、確実にいえるのは、2020年に入ってから人、モノ、カネの動きが極度に制限されてしまったことで、かつてないほどの大きな変化が起きていることです。サプライチェーンの見直し、製品ポートフォリオの転換、テレワーク・電子決済の導入など、その制限を前提とした「最適化」が世界中で進みつつあるといってもいいかもしれません。その一方で、予備の病床や備品をできる限り少なくする病院運営や、保健所の予算や人員を削減してきた政府の公衆衛生政策に対する疑問の声も高まっています。つまり人々の健康と安全を守ることを大前提に、効率化をさらに進める分野と、見直す分野が出てきているのです。

こうした不確実な世界を生き抜くために必要なのは、「生存力」と「復元力」だと言われています。果たして日本にはこの2つの力がどれだけ備わっているのか。その視点から今一度本書を読み返してみると、ハーバードの教員や学生が「日本企業の長期的視点に基づく経営」、「戦後の復興」、「戦後に生まれた起業家やイノベーション」から多くを学んでいることに気づきます。

まず「生存力」についてですが、日本人も日本企業も長寿であることは誰もが認めるところです。日本人の平均寿命は世界一ですし、日本は江戸時代から続く企業が３０００社以上もある長寿企業大国。つまりこの国には長く存続するための知恵が蓄積されているといえます。

日本人の創業者や経営者の多くは、今年、来年の利益の最大化よりも、企業が長く存続することを優先して物事を決断します。また日本企業にとって最大の財産は「人」であると考え、「社員が長く幸せに働ける会社」をつくることをめざしてきました。こうしたリーダーシップが企業の「生存力」を養い、数々の危機を乗り越えることにつながってきたのです。

次に「復元力」についてですが、日本は数多の戦禍や自然災害を乗り越えてきた国であり、その「復元力」はハーバードでも高く評価されています。本書でも述べたとおり、日本企業の「世界を変えたイノベーション」「世界を驚かせた起業家」の多くは戦後の厳しい経済状況の中から生まれました。つまり日本は戦争によってもたらされた経済危機を成長の原動力にしてきたのです。

コロナ危機を迎えている今、すでに日本国内では製薬、医療機器、検査機器など様々な分野でイノベーションが進みつつあります。その中にはおそらく数十年後に「世界を変えたイノベーション」としてハーバードの教材になるものもあるかもしれません。

新型コロナウイルスのパンデミックが終息し、平時に戻ったときに、どんな世界が待ち受けているのか。それは誰にもわかりませんが、「人間性」や「持続可能性」がより重視されていく社会になっていくことは間違いないでしょう。コロナ禍の様々な制約の中で「人の命を大切にすること」「長く幸せに生きること」の価値を誰もが実感させられたからです。これらは日本が長い歴史の中でずっと大事にしてきたことです。

世界経済の先行きへの懸念が強まる中、しばらくは日本にとっても厳しい時代が続きますが、本書がこれから日本再生に貢献していく皆さんの一助となることを願ってやみません。

二〇二〇年六月

佐藤智恵

目次

第2章

歴史

安藤百福とラーメンの国際化　109

第3章

起業家精神

第4章

戦略・マーケティング

第5章

「柿の種」はアメリカで売れるか――亀田製菓の挑戦　177

リーダーシップ

ソニーのV字回復と創業の精神　200

終章

トヨタはいかに世界の人々の考え方を変えたか　241

日本の強みを自覚せよ

【特記事項】

- 本書に登場する学生、卒業生のコメントは、個人の意見を反映したものであり、ハーバード大学およびハーバード大学経営大学院の見解を示すものではありません。
- すべてのインタビューと日本語訳（日本語翻訳書を除く）は著者（佐藤智恵）によるものです。
- 教員の著書、ケースのタイトルは、日本語版が刊行されていないものも日本語に訳しました。原題は巻末の注に記しています。
- アーティスト、故人の敬称は略させていただきました。
- 教員の肩書は2020年3月1日のものです。
- 為替レートは1ドル＝110円、1ルピア＝0・008円で計算しています。
- インターネット上の参考文献、引用文献の閲覧日は2020年3月5日です。

序章

なぜ日本はハーバードで人気があるのか

圧倒的な人気を誇る日本ツアー

２０１６年に出版した『ハーバードでいちばん人気の国・日本』では、ハーバード大学経営大学院（以下ハーバード）の学生の間で日本への研修旅行が人気を集め、日本や日本企業について教える授業がいずれも「深く心に残る」と高い評価を得ていたことを伝えた。

ハーバードで今も日本は人気があるのだろうか。

再び訪問して取材してみると、日本への研修旅行はさらに人気を呼んでいた。２０１９年5月に開催された「ジャパン・トレック」の参加者はなんと約１８０人。1学年約９００人のうち20％が参加する大ツアーになっていた。もちろんスタンフォード大やコロンビア大の経営大学院でも日本への研修旅行は実施しているが、このような大規模なものは見たこともない。ハーバードでの人気ぶりは群を抜いているのだ。２０１９年も例年と同じく広島、京都、東京に滞在し、企業や観光地を訪問したが、学生からの評価も最高ランクだったという。

日本人留学生の矢口雄基《やぐちゆうき》さんは次のように話す。

「ハーバードの学生にとって日本は『絶対行ってみたい国』であり、『一度行ったらもう1回行きたい国』です。中国やインドがめざましい経済成長を続けているのは事実ですが、多くの学生が日本に対しては圧倒的にポジティブなイメージをもっていると感じます」

新幹線の清掃を請け負う会社、ＪＲ東日本テクノハートＴＥＳＳＥＩやトヨタ自動車について学ぶ授業は相変わらず高い人気を誇っているし、日本企業を取り上げた新しい教材も続々と書かれている。ハーバードの学生は2年間で５００もの事例を学ぶにもかかわらず、インタビューしてみると日本企業の事例についてはとてもよく覚えていたのが印象的だった。

前回、取材したときと比べて大きく変わったことといえば、日本という国のポジショニングではないだろうか。当時はまだ「経済大国」としての日本に関心をもっている学生もいたが、今回はほとんどいなかった。経済よりも、むしろ日本の文化や歴史に魅力を感じている学生が圧倒的に増えているのである。

日本人留学生[*1]の窪寺悠《くぼでらひさし》さんは「ハーバードで中国やインドが存在感を高めているのは事実だと思います。教材の数も増えていますし、授業で取り上げられる機会も多いです。一方、日本に対しては文化に対する興味が強まっているように思います」と話す。

1980年代、ハーバードでは数多くの日本企業の事例が教えられていたが、今は経済大国アメリカの地位を脅かしそうな成長国といえば中国やインド。ハーバードでも中国系、インド系企業が寄付したビルが次々に建設され、「経済大国」としての存在感を増している。

その中で日本は独自のポジションを築きつつある。

矢口さんはハーバードで日本について教える授業を受ける中で、日本を再評価するようになったという。

「日本では『日本企業は変わらなければ生き残れない』と悲観的に言う人もいますし、日本経済がずっと停滞している時期に育った私たちの世代にとって、日本は『課題の多い国』という印象でした。ところがハーバードではトヨタ生産方式やサステイナビリティを重視した経営など、伝統ある日本企業の『変わらない価値』が評価されていたりします。日本には課題もあるけれども、世界に誇るべき良いところもたくさんあるのだということを実感しています」

テッセイ、トヨタ、楽天が定番教材に

ハーバード大学経営大学院は、1908年にアメリカ・ボストンで創立された世界最高峰

の経営大学院だ。卒業生には、ジョージ・W・ブッシュ元アメリカ大統領、マイケル・ブルームバーグ前ニューヨーク市長、フェイスブックのシェリル・サンドバーグ最高執行責任者（COO）など、政財界のトップが数多くいる。日本人卒業生を見ても、ディー・エヌ・エーの南場智子会長、楽天の三木谷浩史会長兼社長など、そうそうたる顔ぶれだ。

ハーバードの学生は1年目に必修科目、2年目に選択科目を学ぶ。授業は日本の大学のような講義形式ではなく、議論形式で進められる。いわゆる「ケースメソッド」と呼ばれる教授法で、「ケース」と呼ばれる教材をもとに、授業でひたすら議論する。

ケースには、ある特定の国や企業の事例が、20ページ程度で簡潔にまとめてある。主人公は国の大統領や会社のCEO、役員等、様々だが、彼らが重要な決断をする前の状況が説明されていることが多い。この人は今、こんな問題を抱えています（問題）、そこに至る過程はこうです（歴史）、現状はこうです（財務、組織）等、主人公を取り巻く状況が詳しく説明されている。

授業ではそのケースを題材に、「あなたがこの国のトップだったら何をするか」「あなたがこの企業の経営者だったらどうするか」といったことを議論するのだ。

約900人の1年生全員が履修する必修科目で現在教えられているのが、JR東日本テクノハートTESSEI、トヨタ自動車、楽天、良品計画、ディー・エヌ・エーの事例である。

JR東日本テクノハートTESSEI（以下、テッセイ）は1952年創業のJR東日本の子会社。従業員約900人、売上高43億円の小さな会社だ。[*2] 当初は鉄道整備株式会社といい、国鉄の在来線電車の清掃を担当していたが、現在は新幹線車両清掃を専門に請け負っている。2018年には「第2回　日本サービス大賞　国土交通大臣賞」を受賞。[*3] まさに日本を代表するサービス企業である。

テッセイが一躍有名になったのは2012年頃。CNNなど海外メディアが、あでやかな制服に身を包んだスタッフが1車両7分間という驚異的な速さで清掃していることに注目し、「新幹線お掃除劇場」「7分間の奇跡」と絶賛したことだった。[*4] その後、2015年にハーバードで教材化。以来、必修科目のオペレーションの授業で教えられ、人気を集めている。この事例の詳細については拙著『ハーバードでいちばん人気の国・日本』をご参照いただきたい。

トヨタ自動車（以下、トヨタ）の事例が取り上げられているのもオペレーションの授業。

授業ではもちろんトヨタ生産方式の基本コンセプトである「ジャスト・イン・タイム」、「自働化」なども学ぶが、教授陣が特に力を入れて教えているのがトヨタの社員に浸透している「考え方」だ。トヨタが世界に与えた影響については、本書第5章で詳述する。

楽天の英語公用語化の事例が取り上げられているのは、リーダーシップの授業だ。

2010年、楽天の三木谷浩史会長兼社長は、社内の公用語をすべて英語に統一することを宣言。約2年間の移行期間を経て、2012年7月より楽天の社内公用語はすべて英語となった。

ハーバードでリーダーシップを教えるセダール・ニーリー教授（Tsedal Neeley）は、2011年にいち早く楽天の事例を教材化。楽天の事例は必修科目「リーダーシップと組織行動」の定番として教えられている。

このほか、マーケティングの授業では良品計画（無印良品やMUJIブランドの店舗・商品を展開）や、ディー・エヌ・エーのヒットゲーム『逆転オセロニア』の事例が取り上げられている。

選択科目では、「世界初の先物市場、堂島米市場」「岩崎弥太郎—三菱の創業」「トルーマンと原爆投下」など、日本の歴史に関する事例が依然として高評価を得ている。それに加えて、ホンダエアクラフトカンパニー、ＡＫＢ48、ディスコなどの事例が新たに教えられている。またエグゼクティブ講座では、ソニー、リクルート、亀田製菓などの事例が取り上げられているが、いずれも好評を博しているという。

学生のキャリアに影響を与える日本

日本企業の授業は学生にどんな影響を与えているのだろうか。今回インタビューした学生たち[*5]は、いずれも日本企業が教える「リーダーシップの本質」を学び取っていたことが印象的だった。

アメリカ人のギャビン・オーシャックさん（Gavin Ovsak）は日本企業の事例からリーダーとして成長していく上で大切な深い学びが得られたという。オーシャックさんは現在、経営大学院と医学大学院のデュアルディグリープログラムで学んでいて、卒業後は医師になることをめざしている。

「『自分は顧客の役に立っている』と感じることができれば、自分の仕事に誇りをもつことができます。『こんなすごいテクノロジーを自分は使いこなしている』ということではやりがいを感じられないのです。これは病院を含め、あらゆる状況に応用できる学びだと思います。病院には医師、看護師、受付のスタッフ、通訳、清掃スタッフなど多くの人が働いています。彼らは病院という組織の歯車の一つではなく、一人ひとり重要な役割を担っています。医師としてメンバー同士がお互いに尊敬しあえるようなチームをつくっていきたいと思っています」

オーシャックさんはハーバードでもっと日本の事例を学びたいという。

「日本企業の事例は私にとって『特別なもの』になっています。トヨタやテッセイ等のケースを学んで『なぜこんなすごいことを成し遂げることができたのか』と感心するばかりでした。ですから日本企業からその成功の秘訣をできるだけ多く学び取りたいと思っているところです」

大手経営コンサルティング会社出身のドイツ人学生、ヨハネス・タイソンさん（Johannes Theissen）は、日本企業の事例等を教えるオペレーションの授業から刺激を受け、ヨーロッパのホテルでインターンとして働くことを決断した。ハーバードの学生の多くは夏休みになると金融、コンサルティング、ＩＴ業界でインターンとして働くが、あえて現場仕事を選んだのだ。

「時間の制限がある中で、トイレ掃除、バスルームの掃除、床の掃除機がけ、ほこり払い、ミニバーの確認など、全身を使って複雑な業務をこなさなければなりませんでした。これほど技術も体力も必要な難しい仕事であるとは思いもしませんでした」

タイソンさんはインターン経験を通じて、現場の人たちの専門技術が、ホテルの経営そのものを支えていることを学んだという。

「ハーバード入学前は経営コンサルティング会社で働いていたこともあり、どちらかといえばデータや数字を分析することに価値を見出していました。もちろんそれも大事ですが、今は、『企業を支えているのは人であり、人を大切にする企業文化をつくることが何よりも重要なのだ』ということを実感しています」

同じく大手経営コンサルティング会社出身のカナダ人学生、ロニ・ルオさん（Roni Luo）が注目したのは、日本企業のリーダーの変革手法だ。

「日本企業のリーダーが現場の人々をやる気にさせて、ボトムアップで組織を変革していく手法は『創造的』だと感じました。

日本企業には独自の企業文化があり、それが変革のスピードをあげることに貢献していると思います。アメリカ企業に比べると、日本企業の社員はチームに対する忠誠心が強いため、組織の深いレベルから徹底的に変革を起こせるのだと思います」

「お金よりも大切なことがある」に驚く

シンガポール出身で香港のフィンテック企業で活躍したペリー・チュンさん（Perry Chung）は、日本人の効率性に注目してきた。

「日本企業のオペレーションの効率性が高いのは、日本人の能力によるところが大きいと思います。日本の交通システムは世界中のどの国と比べても群を抜いて優れていますが、これを他の国で応用するのはとても難しいのではないかと感じます」

チュンさんは、日本企業の現場で働いている人たちが、お金よりも大切なことがあると考え、モチベーションを高めていることに驚いたという。

「たとえば、シンガポール、香港、中国の「一級都市」ではお金は何よりも大切です。物価が高いため、お金がないと十分な生活水準を維持できないからです。特にシンガポールは競争が激しいため、その傾向が強いと思います」

とは言いつつも、チュンさんは、日本企業から異なる視点でものを考えることを学んだという。

「経営の問題は紋切型のやり方では解決できないこともあると学びました。オペレーションの問題だからといって、机上で計算してプロセスを改善することがベストだとは限らない。他にもっと良い方法がある可能性もあるのです。そこで大事なのは問題の本質を探ることです。こういうことを教えてくれるから日本の事例は特別なのです」

タイ人学生のエイミー・アサワテワウィスさん（Aimmy Asavatevavith）は大手流通企業出身。三菱グループの創業者、岩崎弥太郎の事例が特に印象に残っているという。タイで三菱といえば自動車や電化製品のブランド。海運業からスタートしたと知り、とても驚いたそうだ。岩崎弥太郎の人生を学ぶ中で、そのリクルーティング方法が面白いと感じた。

「岩崎弥太郎が、創業後しばらくは周りを信頼できる土佐出身者で固めたというのは、とてもよく理解できます。私が勤務していたタイのスーパーマーケットでも同じ採用方法をとっていましたから。私は、企業は一つのコミュニティーのようなものだと考えています。良いコミュニティーをつくるには、コミュニティーの中にいる人が、よく知っている人を紹介する、というのが結果的にうまくいくと思います」

２０１５年に飲食事業に投資するファンドを立ち上げたアメリカ人学生のリリー・ペンさん（Lily Peng）は、在学中にもレストランやバーを次々にオープン。２０１９年1月にはカリフォルニア州パロアルトに、うどん店「タロウ・サン・ジャパニーズ・ヌードルバー」（Taro San Japanese Noodle Bar）を開店した。

「日本企業の事例からは、現場で働いている人たちを一人の人間として大切にすることを学びました。今、私の最も重要な仕事はうどん店で働いている人たちのマネジメントです。キッチン、ホール、皿洗いなど様々な仕事がありますが、中にはすぐに辞めてしまう人もいます。レストランの仕事は肉体的にハードですから、業界平均よりも多めに賃金を支払っていても、『これでは足りない』と言う人が必ず出てきます。しかし経営者としてはやみくもに給料を上げ続けるわけにもいきません。そこで、お金以外のところで、どうやりがいをもって楽しく働いてもらえるかを、日々考えています」

ペンさんはハーバードの授業だけではなく、日本のレストランからも多くを学んだという。

「日本のレストランにはたくさんの知恵がつまっているなと思います。卒業後のメインの仕事は具体的には決めていませんが、引き続きフードビジネスの経営には携わっていく予定です。今後も定期的に日本を訪れて、日本食レストランから学んでいきたいです」

奮闘する日本人留学生

現在、ハーバードのMBAプログラムで学ぶ日本人の数は20人強。1学年平均10～15人というのがここ数年の傾向だ。商社、金融機関、コンサルティング会社出身者が多いのは今も昔も変わらない。2019年に入学した日本人留学生の所属／出身企業は、三井物産、三菱商事、みずほフィナンシャルグループ、ボストンコンサルティンググループ、マッキンゼー・アンド・カンパニー、ソフトバンクグループ、東海旅客鉄道（JR東海）などとなっている。

一方、エグゼクティブプログラムに参加する日本人の数は急増している。近年、ハーバードはエグゼクティブ教育に力を入れており、講座の数も増え続けている。

2018年度のハーバードの年間収入は約940億円（8億5600万ドル）。そのうちの24％をエグゼクティブプログラムからの収入が占め、MBAプログラムの16％をしのぐほどに成長している。[*6] 中には1週間程度の講座もあり、日本企業も派遣しやすいプログラムになっていることから、多くの日本人エグゼクティブが受講している。

ハーバードでは中国とインドが国としての存在感を増しているのは前述のとおりだが、その中でMBAプログラムの日本人留学生は自宅で日本食パーティーを開催するなど「日本のことを知ってもらう機会を増やそう」と奮闘しているのが印象的だった。

日本人留学生の高橋亮《たかはしりょう》さんは、2018年、入学早々、ハーバード大学経営大学院の学生新聞『ハーバス』(HARBUS)の編集長に就任した。以来、高橋さんは自ら精力的に記事を執筆。他の日本人留学生にも記事を寄稿してもらい、高橋さんが編集長になってから「日本」に関連する記事が増えたという。高橋さんは熱く語る。

「ハーバードにおける日本人のプレゼンスを高めたいと思っています。日本企業の最新情報や日本人留学生の起業情報などを伝えて、一人でも多くの学生に日本のことをより深く知ってもらい日本のファンが増えることを願っています」

同じく日本人留学生の[*7]髙田愛美《たかだめぐみ》さんは経営史を教えるジェフリー・ジョーンズ教授(Geoffrey G. Jones)と共同でハーバードの教材『安藤百福とラーメンの国際化』を執筆した。

入学当初から「在学中に日本についての教材を一つ書くこと」を目標にしてきた髙田さん

は、選択科目の「起業家精神とグローバル資本主義」を履修したとき、日本企業の創業者をテーマに何か教材を書けないかと考えた。髙田さんは言う。

「経営史のジェフリー・ジョーンズ教授に相談していたとき、食品に関わるケースがないことに気づきました。そこで思い出したのが大学生のときにオープンした『カップヌードルミュージアム横浜』です。ちょうどNHKで『まんぷく』を放送していたこともあり、日清食品グループの創業者、安藤百福を題材に書いてみようと思いました」

まずはレポートとしてまとめ、それをもとに数カ月かけてジョーンズ教授とともに教材にしていった。髙田さんは続ける。

「ジョーンズ教授の授業では、『世界に本当に良い影響をもたらす起業家とはどんな起業家か』『起業家は会社を創業することによってどういう責任を負うのか』というテーマを必ず議論します。すでに教えられている岩崎弥太郎の事例の評判が高いので、安藤百福の事例でも議論が白熱してもらえるとうれしいです」

髙田さんが執筆した教材『安藤百福とラーメンの国際化』とその教材が使われている経営史の授業については、本書第2章で詳しくお伝えしたい。

第1章

イノベーション

未来へ羽ばたく日本のイノベーション──ホンダジェット

日本企業が起こした破壊的イノベーション

2015年にアメリカで誕生した「ホンダジェット」は、瞬く間に小型ジェット機市場で世界一のシェアを達成した。以来、現在に至るまで世界一の座を維持しつづけている。

ホンダジェットは本田技研工業（以下、ホンダ）が独自に開発した、最大7人乗りの小型ジェット機。価格は約528万ドル[*1]（約5億8000万円）。燃費がよく、音も静かで、最高性能。「翼の上にエンジンを置く」というユニークな設計、自動車メーカーならではのデザインなど、既存の小型ジェット機のイメージを製品の力で根本から覆し、業界に革命をもたらした。

2018年には、ホンダの航空機事業を担う子会社、ホンダエアクラフトカンパニーが「AIAAファウンデーション アワード フォー エクセレンス」を受賞。この賞を授与した米国航空宇宙学会は同社の偉業を「ホンダの航空機事業を主導し、先進的な小型ビジネス

「ホンダジェットエリート」（ホンダエアクラフトカンパニー提供）

ジェット機『ホンダジェット』の設計、開発、事業化を推進するとともに、革新的な空力技術・構造技術を開拓し、商業航空の世界に新しい基準を打ち立てた」[*2]と絶賛した。

こうした「ホンダジェット」の躍進をハーバードの教授陣が見過ごすわけもなく、2018年には早速『未来への飛行：ホンダジェット』[*3]という教材が出版されている。

教材を執筆したゲイリー・ピサノ教授（Gary P. Pisano）は言う。

「ホンダジェットの開発物語を知ったとき、これは本当に素晴らしい教材になると確信しました。一つの事業で大成功を収めた企業が、新たな組織能力（ケイパビリティ）を内部で開発し、別の事業でも成功する——これが可能であることを証明したのがホンダの航空機事業です。このような事例は世界的に見ても非常に珍しく、すぐに教材にしようと思いました」

戦後、イノベーション大国となり、数々のヒット商品をつくって世界を驚かせてきた日本。ハーバードでも長らく、『ホンダ（A）』[*4]『ホンダ（B）』[*5]という教材をもとに、ホンダの「スーパーカブ」の成功物語が教えられてきた。しかし残念ながら近年、日本企業から世界を席巻するようなイノベーションは生まれていない。その中でホンダジェットは「日本企業らしい革新的な製品」として注目されているのだ。

50年かけて製品化したホンダジェット

ホンダの航空機事業のはじまりは1960年代。もともと飛行機好きだった創業者の本田宗一郎が新規事業として立ち上げようとしたのがきっかけだ。

本田宗一郎は、1962年、航空機の開発・生産に乗り出そうとしていることを全従業員に伝え、航空機事業への進出を内外に宣言。[*6]朝日新聞社が主催した軽飛行機の設計コンテストにも協賛した。これを機にホンダには航空機をつくりたいという若者も入社するようになる。しかし、その後、二輪、四輪事業が急成長。次に航空機事業が本格的に推進されるのは

1980年代に入ってからのことだ。

1986年には和光基礎技術研究センターが発足。ここで小型飛行機の機体と搭載ジェットエンジンの研究が進められることとなった。飛行機の研究チームの中には、後にホンダエアクラフトカンパニーの社長となる藤野道格《ふじのみちまさ》さんもいた。藤野さんは入社3年目。当初は家族にも極秘のプロジェクトだったという。

研究センター発足当時の目標は「シビック・ジェット」を開発すること。ホンダの小型車「シビック」の成功をモデルに、航空機でも小型飛行機で勝負し「空飛ぶシビック」をつくることだった。

ところが研究をはじめてすぐに開発メンバーは自動車やオートバイをつくってきたノウハウが航空機開発には全く生かせないことに気づく。そこでホンダは藤野さんら若手をミシシッピ州立大学ラスペット飛行研究所に派遣し、研究拠点をアメリカにも置くことにしたのである。

1992年には、独自に設計、開発した世界初のオールコンポジット製実験機「MH－02」が完成。1993年には初飛行に成功した。

このまま事業化に踏み切るかと思われたが、1996年、この航空機プロジェクトは突如打ち切りとなる。「人材と資金はもっとリアリスティックに使うべき」という経営陣の意向だった。

この結論に納得がいかなかった藤野さんは川本信彦社長（当時）に直訴。その結果、事業化を目標としないことを前提に、開発プロジェクトの存続が決定した。

1997年にはホンダジェットの開発プロジェクトが正式に発足し、2001年には研究拠点をノースカロライナ州に設立。しかしホンダの中では依然として事業化は検討されていなかった。

流れが変わったのは2005年。ウィスコンシン州で開催された航空ショーでホンダジェットが世界のメディアや航空ファンの間で絶賛されたことだった。この結果を受け、社内の雰囲気が一変。経営陣から「ホンダのブランドを再構築するのに役立つ」と判断され、事業化が決まった。

その後、量産機の開発を進め、2015年には晴れて、アメリカ連邦航空局（FAA）から型式《かたしき》証明*7を取得。2017年、2018年、2019年と3年連続で小型ジェット機の市場で世界第1位のシェアを獲得した

組織能力の開発に注目したハーバードの教材

ハーバードで「大企業の中でどのようにしたら革新的なイノベーションを起こせるのか」をテーマに研究を続けてきたゲイリー・ピサノ教授は、スーパーカブ、シビックといった破壊的イノベーションを起こしてきたホンダを題材にいつか教材を書きたいと思っていたという。[*8]

ホンダジェットの事例を知ったピサノ教授が特に興味をもったのが、二輪・四輪事業を専門とするホンダがどのような過程を経て、新しい組織能力を開発し、航空機事業を成功させたのか、という点だった。ピサノ教授は言う。

「自動車製造事業と航空機製造事業。この2つは同じ乗り物なので、互いのノウハウを共有できるのではないか、と思いがちですが、必要な技術、販売・マーケティング手法などは全く異なるのです。技術面で応用できるところはほとんどないといってもいいかもしれません。自動車に翼をつけたら、航空機ができるわけではありません。エンジニアリング、デザイン、システム、信頼度（一定期間、故障することなく使用される確率）の基準も違います。つまりホンダは航空機事業をはじめるにあたって、知識も技術も、ほぼ何もないところからスタートしなければならなかったのです」

通常、大企業は、今もっている組織能力をもとに新規事業を起こす。たとえば、富士フイルムは写真フィルムの事業をもとに医療事業を立ち上げているし、キリングループは発酵・バイオ関連の専門知識を生かして医薬事業や農業などの分野へと進出している*9

つまりそこには連続性がある。

ホンダの開発チームも当初は、二輪・四輪事業の技術を航空機事業にも生かせると考えていたが、本格的な研究をはじめてまもなく「二輪・四輪事業と航空機事業は全く別物である」という現実に直面する。

『未来への飛行：ホンダジェット』にはホンダがおよそ30年間にわたっていかにゼロから組織能力を築き上げていったかが書かれている。

このイノベーションの過程を分析することで、「何がイノベーションを生み出すのか」を浮き彫りにするのが、この教材の目的なのである。

学生が驚いたホンダの「長期的視点」

ホンダジェットの事例はＭＢＡプログラムの選択科目「成長企業のマネジメント」で取り

上げられている。教えているのはもちろんピサノ教授だ。この授業では、スタートアップ企業から大企業まで、様々な企業を取り上げ、「どのようなスピードで、どのような規模で、どのような方法で成長していくのが、この会社にとってはよいのか」を議論する。

２０１９年春には、ホンダエアクラフトカンパニーの藤野社長が授業に招かれ、学生からの質問に答えた。藤野社長はこう振り返る。

「学生が特に興味をもっていたのは、『ゼロからどうやってビジネスのアイデアを具現化していくのか』『大企業の中でどのようにしたら革新的なビジネスを実現できるのか』という2点でした。『大企業では革新的なビジネスを立ち上げるのは難しい』と考えていた人が多かったようで、この2つに質問が集中しました」

ピサノ教授の印象に残ったのは、藤野社長が「イノベーションを起こすためには、長期的な視点で考えることが必要だ」と強調していたことだ。ピサノ教授は言う。

「藤野社長はまず学生に向かって、『皆さんの中でプライベートジェットに乗ったことのある人はいますか』と質問しました。手をあげたのは数人しかいませんでした。すると彼はこう言いました。『20年後、再びハーバードで同じ質問をしたら、おそらく90％の人が手をあげるでしょう』と。つまり藤野社長が見ているのは20年後の世界。彼がめざしているのは、プライベートジェットをもっと身近な移動手段にすることです。超富裕層や大企業の社長でなくともプライベートジェットを利用してもらえるように、裾野を広げることです。それにはある程度の時間が必要であることも承知の上です」

この長期的な視点で着実に成長していくのは日本企業の特徴だ。しかしながらこの考え方に反論し、「30年間も一つのプロジェクトに投資しつづけるなんて、非合理的だ」と言う学生もいたという。これに対して藤野社長は、次のように答えた。

「たとえばあなたにお子さんがいるとして、お子さんが『大学に進学したい』と言う。大学に行かせれば4年分の学費がかかる。行かせなければその4年間、あなたの家庭の収支はよくなる。けれども、そういう基準だけで子どもに投資するか、しないかを決めますか」

つまり日本企業の創業者や経営者は、会社ができるだけ長く存続し、将来も持続的に成長していくことに主眼を置いて投資判断をする、ということなのだ。

これに対しては賛同する学生もいて、「結果的に新しい市場を切り開き、新しいビジネスを成功させたのだから、正しい決断ではないか」と言う学生もいたという。

ピサノ教授はこう解説する。

「『現在の組織能力』を基準に考えれば、非合理的な判断となりますが、『将来、新たな組織能力を身につけられる可能性が高い』とすると、合理的な判断となります。正しいと主張した学生は、ホンダがもともともっている社風や組織能力を高く評価していて、『ホンダだからこの投資判断を支持した』と言っていました」

次に学生が興味をもったのは、「こんなに売れているのならば、最初からもっと増産すればよかったのではないか」という点だ。これに対して、藤野社長は次のように答えたという。

「航空機の生産においては、経験曲線があります。1年目から大量生産をしようとすると、最初に多くの人を雇用しなくてはなりません。でも、2年目、3年目には、知識や経験が蓄積されて、1年目よりも少ない人数で生産することができるようになります。すると、そこに余剰人員が出てしまいます。経済合理性から考えれば、『余剰人員は解雇すればいい』という判断になりますが、それはホンダの哲学に反します。ホンダは、人の力を信じているため、簡単に人員を解雇したりしません。そのため、ホンダジェットについても、最初から大量生産はせず、小さくはじめて知識や経験を蓄積させて、少しずつ人を増やしていく方法をとったのです」

この回答を聞いて、学生たちは納得していたというが、「急激に成長することが必ずしも企業にとってベストであるとは限らない」「投資は短期的なリターンのためだけに行うものではない」という経営の本質をホンダジェットの事例から学んでいるのである。

ホンダの原点は「人を大切にすること」

ホンダが人の力を信じているとはどういうことだろうか。具体的に知りたいと思い、ノースカロライナ州グリーンズボロにあるホンダエアクラフトカンパニーを訪問した。

ノースカロライナ州は1903年、ライト兄弟が初めて動力飛行機で初飛行した場所として有名だ。州政府は飛行機発祥の地であることを生かし、航空宇宙産業を重点分野に指定し、関連企業には用地取得の助成や税の優遇を行うなど積極的に誘致。その影響もあり、数多くの航空部品メーカー、航空機のメンテナンス会社などがノースカロライナ州に工場やオフィスを設けている。

ホンダエアクラフトカンパニーの敷地内には、本社棟、研究開発センター、生産工場、デリバリーセンター（顧客にホンダジェットを引き渡す場所）、フライトトレーニングセンター、カスタマーサービスセンターがあるが、現在、さらに新たな施設を建設中。最新型機ホンダジェットエリート（HondaJet Elite）は、アメリカ、ヨーロッパ、メキシコ、ブラジル、インド、日本、カナダ、トルコ、中国、パキスタンで型式証明を取得。需要は増えるばかりだが、急速には拡大しない戦略をとっている。

本社棟、デリバリーセンター、生産工場と見学して驚くのは、この敷地内の建物のデザインがすべて同じ世界観で統一されていること。ホンダジェットの世界観がそのまま建物に投影されているような印象を受ける。聞けば、これらの建物のデザインはすべて藤野社長が自ら手がけたという。

生産工場の責任者、ヴィニー・ガリオトさん（Vinny Galioto）は言う。

「実はここで働いている人たちはアメリカ企業の工場から転職してきた人が大半なのですが、中には劣悪な環境で働いていた人もいるのです。フジノは私たちのために、こんなに美しい工場をつくってくれました。この工場で働けること自体がモチベーションになっています」

オフィスやショールームをデザインするのと同じだけの手間と労力をかけて、生産工場もデザインする。ここには「ホンダの人を大切にする姿勢」が象徴されているのだ。

また日本企業では、生産工場とマネジメントオフィスが隣接しているのは珍しいことではないが、アメリカ企業では通常、マネジメントオフィスは別の場所にあることが多い。ホンダエアクラフトカンパニーの生産工場を本社棟の近くに置いたのは、現場とのコミュニケーションを密にして、現場と一体となってこの事業を拡大していくためだ。

ガリオトさんは続ける。

「ここで働いている技術者の中にはフジノと撮影した写真を大切にもっている人もいます。アメリカ企業でCEOが現場に来ることなんてありえません。でもフジノは気軽に現場に来てくれます。現場のことを気にかけてくれていることが何よりもうれしい」

藤野社長は生産工場だけではなく、本社棟で働く現場の人たちとも直接、コミュニケーションをとるようにしているという。その目的は一人ひとりの特性と能力を把握すること。約1500人の社員のうち、ほとんどの名前と特性を理解しているというから驚きだ。なぜそこまでして組織の隅々まで見てまわり、現場の人たちと密にコミュニケーションをとるのか。藤野社長は言う。

「ホンダエアクラフトカンパニーのCEOに就任したとき、自分のキャリアを振り返って、何が人を育てるのかを突き詰めて考えました。いちばん重要なのはマネジメントが『人を潰さないようにすること』だと思います。日本企業でもアメリカ企業でも突出した能力がある人がいると、無意識的なのか、意図的なのかはわかりませんが、どうしても周りから『潰そうとする力』が働きます。そういう事象が起きないように常に目をくばることが、マネジメントのいちばん大切な役割だと思います」

「ドラフト外で入った選手」の強さ

ハーバードの教員の中には、「ホンダは典型的な日本企業ではない」と指摘する人もいる。なぜホンダは、スーパーカブ、シビック、ホンダジェットなどの破壊的イノベーションを継続的に生み出せるのだろうか。

ピサノ教授はホンダには「新しいアイデアを常に試してみる社風」「イノベーションを何よりも重視する企業文化」があるからだと指摘する。

「ホンダが航空機製造に関する研究を本格的にはじめたのは1986年。このとき埼玉県和光市にある本田技術研究所では、航空機、自動運転車、超軽量車、ロボティックス、生命科学の5つの分野が新規事業候補として並行して研究されていたそうです。この中には具体的に事業にならなかったものもありましたが、ホンダには、『5つ試して1つでもうまくいけばよい』とする社風があります。つまり、既存の事業以外の新規事業に挑戦しやすい土壌があったのです。

次に、優秀な人材が『面白い』と思えるような事業に投資し、長期的な視点でリーダーを育成してきたことです。もし短期的な結果をすぐに求めるような経営陣だったら、ホンダジェットのような製品は生まれなかったでしょう。開発を牽引した藤野社長も、航空機事業を続けられず、思う存分、才能を発揮できなかったかもしれません。私は、社員の能力を最大限に発揮してもらえるような場を提供することこそが経営者の大切な役割であると思っています」

ホンダの企業文化について、藤野社長は次のように述懐する。

「ホンダの社員は野球でいえば『ドラフト外で入った選手』の強さみたいなものを持ち合わせていると思います。ホンダが最初、オートバイ事業でアメリカに進出したとき、相当な苦労があったと聞きますし、私自身、アメリカの大学の研究所に留学したとき『航空機のことなんて何も知らないだろう』と思われ、やすりがけをやらされたほどでした。その後もずっと『ホンダに航空機なんかつくれるはずがない』と言われてきました。そういう扱いを受けても強い気持ちで乗り越えて、学べるものは学んで、自分たちのやりたいことをやり、自分たちの本来の能力を発揮していく強さがホンダの人にはあると思います」

ハーバードで製造業を専門に研究しているウィリー・シー教授（Willy C. Shih）は、ホンダが早くからアメリカに進出し、アメリカから貪欲に学ぼうとした点を指摘する。シー教授がイノベーションの授業で教えているのは、ノーベル経済学賞受賞者のハーバート・サイモンが提唱した「限定合理性」という概念だ。「限定合理性」とは「人間が達成できる合理性は非常に限定されたものだ」[*10]という考え方。これを意思決定にあてはめると、「人間は限られた時間、限られた情報の中でしか、状況を判断することしかできないので、特に複雑な状況においては、必ずしも最高の決定をするわけではない」ということを意味する。日本企業の経営者の主たる情報源は50代から70代の日本人男性であることが多いが、その限定された情報の中で経営判断を行ってることがイノベーションを起こりにくくしているのだという。シー教授はこう分析する。

「ホンダジェットの開発はアメリカ企業や世界中の顧客からの意見も取り入れながら進められてきました。ホンダジェットの成功要因は、国内、国外にかかわらず情報をできるだけオープンに取り入れようとしたところにあると思います」

実際、ホンダジェットを設計・開発したのは日本人チームだが、エンジンはゼネラル・エレクトリック（GE）との共同開発だ。部品もすべて日本製というわけではない。藤野社長は言う。

「ｉＰｈｏｎｅは明らかにアップルの製品ですが、すべての部品が内製されているわけではありません。同じように、ホンダジェットはすべて我々が設計し、コンセプトもすべて我々がつくっていますが、必ずしも部品のすべてを内製する必要はないと考えています。ビジネスの見地から見てベストな部品であれば、どこの国の人がつくっていても気にしません」

「見えない需要」を掘り起こせ

ホンダジェットの成功を見ると、なぜ他の自動車メーカーや航空機メーカーはここに目をつけなかったのかと疑問に思うことだろう。

ピサノ教授によれば、アメリカの自動車メーカーが航空機事業をやらないのは、本業が不振であることが大きいという。アメリカの自動車メーカーは、ゼネラルモーターズ（ＧＭ）もフォード・モーターも日本やヨーロッパのメーカーに後れをとっている。コア事業の収益改善が最大目標であり、航空機事業を推進する技術も余裕もない、というのが現状なのだ。

では、ボーイングやエアバスなどの大手航空機メーカーはなぜこの市場に進出しないのだろうか。ピサノ教授はこう分析する。

「ボーイングだけではなく他の大手航空機メーカーも、超小型機のマーケットにはそれほど興味をもっていません。なぜなら既存の航空機メーカーは『超小型機なんて需要はそんなにないだろうし、1機あたりの価格も安いから効率よく儲けられない』と考えているからです。

航空機を開発するための固定費は、大型機も超小型機も同じです。ですからできるだけ大きい飛行機をつくって、高く売りたい。1機500万ドルよりも、1機2000万ドルの航空機を売ったほうがコストパフォーマンスがいい。だから既存のメーカーは超小型機の市場に参入していないのです」

一方、ホンダがあえて超小型機を狙ったのは、今はそんなに儲けられなくとも、長期的に見れば確実に需要は増えると見込んだからだ。

その背景には、アメリカ市場におけるシビックの成功体験がある。

1960年代から70年代、アメリカの自動車メーカーの小型車はとても音がうるさく、車内も狭くて、デザインも安っぽいことから、全然人気がなかった。そこにシビックが登場すると、瞬く間に評判になった。見た目もスタイリッシュで、車内も広く、音も静か。「運転するのが楽しくなる車」として大ヒットした。ホンダはシビックの成功から身をもって「顧客がのぞむ製品をつくれば、見えない需要を掘り起こせる」ということを学んだのだ。

ピサノ教授は言う。

「シビックもホンダジェットも『ニッチマーケット（隙間市場）』からのスタートです。問題は『このニッチマーケットを成長させられる確信があるか』です。ホンダは小型車で成功をおさめ、その後、他の車種へと製品ラインナップを広げていきました。ホンダジェットも同じような成功をおさめられるかはまだ未知数ですが、シビックの成功モデルを踏襲していることは間違いないでしょう」

実はスーパーカブ、シビック、ホンダジェットとホンダが起こした破壊的イノベーションにはすべて共通点がある。それは既存の商品の「小型化」と「経済性」（燃費の良さ）で勝負をしたところだ。

藤野社長自身はなぜ超小型機の開発に挑んだのだろうか。藤野社長はこう振り返る。

「やはり勝てるカテゴリーをターゲットにした、というのはあると思います。シビックの成功がヒントになったことは確かです。私自身がエンジニアとしてなぜ小型化に興味があったかというと、既存の製品を小さくするのは技術的に難しいんです。同じ機能、同じ居住性を保ったまま小さくするというのは技術がいる。飛行機の超小型化に挑戦すれば、すごく自分の技術を生かせるんじゃないかと思いました」

ホンダジェットが「日本企業らしい破壊的イノベーション」といわれるのは、あえて欧米企業が製造しそうもないカテゴリーの製品を製造し、新たな市場を切り開いたところにある。ホンダジェットの成功はハーバードの教員や学生だけでなく、日本企業にとっても多くの示唆を与えてくれる事例なのだ。

世界の人々の生活を変えるホンダジェット

スーパーカブは、アメリカ人のオートバイに対する概念を変え、シビックは自動車に対する概念を変えた。アメリカのスミソニアン博物館には、ホンダシビックが「アメリカの自動車業界に新しいカルチャーをもたらした自動車」として展示されている。[*11] では今後ホンダジェットは、航空機の概念をどのように変えていくのだろうか。

ピサノ教授は実際にホンダジェットを見たときに、自動車メーカーならではの発想が随所に取り入れられているところが新しいと感じたという。

「ホンダジェットの座席は人間工学に基づいてデザインされていますし、コックピットの操縦桿《かん》やモニター画面などもとても美しく配置されています。またホンダジェットは内観、外観を彩る塗料にもお金をかけています。これらはまさに自動車メーカーならではのこだわりであり、従来の航空機メーカーがつくる製品には見られないものです」

ハーバードの学生にとって新しかったのは、「見た目」へのこだわりだ。「ホンダジェットにはアップルと同じようなビジョンを感じる」と言った人もいたという。実際、ホンダジェットの操縦席にあるタッチパッドはｉＰｈｏｎｅのような操作性を実現しているし、内装・外装ともにシンプルな機能美を追求している点でも似ている。

こうしたプロダクトの新しさで航空機の概念を変えていくのはいうまでもないが、藤野社長がめざしているのはさらにその先。世界中の人々の生活を変えることにある。

「ホンダジェットのお客さんからよく言われるのは『会いたい人にすぐ会いに行けるようになった』ということ。人生でいちばん大切なのは時間。その時間を有意義に使う乗り物であることは間違いありません。10年、20年経って、ホンダジェットを多くの人たちが使いはじめたら、人々の生活を変えるツールになっていくと思います」

藤野社長の夢は、ホンダジェットが「アメリカの航空機業界に新しいカルチャーをもたらした航空機」としてスミソニアン博物館に展示されること。ホンダジェットは今後、世界の人々の生活をどのように変えていくのか。ハーバードの教員や学生だけではなく、世界中が注目しているのである。

世界の先駆者コマツの「ダントツ経営」

ハーバードの研究対象となってきたコマツ

世界第2位のシェア[*1]を誇る建設機械メーカー、小松製作所（以下、コマツ）は、長らくハーバードで研究されてきた日本企業だ。

1980年代以降、コマツはアメリカ企業、キャタピラーの脅威として注目され、『コマツ』[*2]『キャタピラーとコマツ　1986年』[*3]『コマツとドレッサー』[*4]『コマツ：グローバル化の取り組み』[*5]『中国市場におけるコマツ』[*6]などの教材が続々と出版された。

1990年代後半にハーバードのエグゼクティブ講座を履修したコマツの大橋徹二《おおはしてつじ》会長は、自社の事例が授業で教えられることを知り、驚いたという。

「突然、担当教授から『コマツを取り上げるからコメントよろしくな』と。教授からは『品質管理で生き残りをかけた企業というのは珍しい』と言われました。アメリカでは品質管理はコスト改善のために行うもの、という認識だったのです。コマツは『品質管理を経営戦略

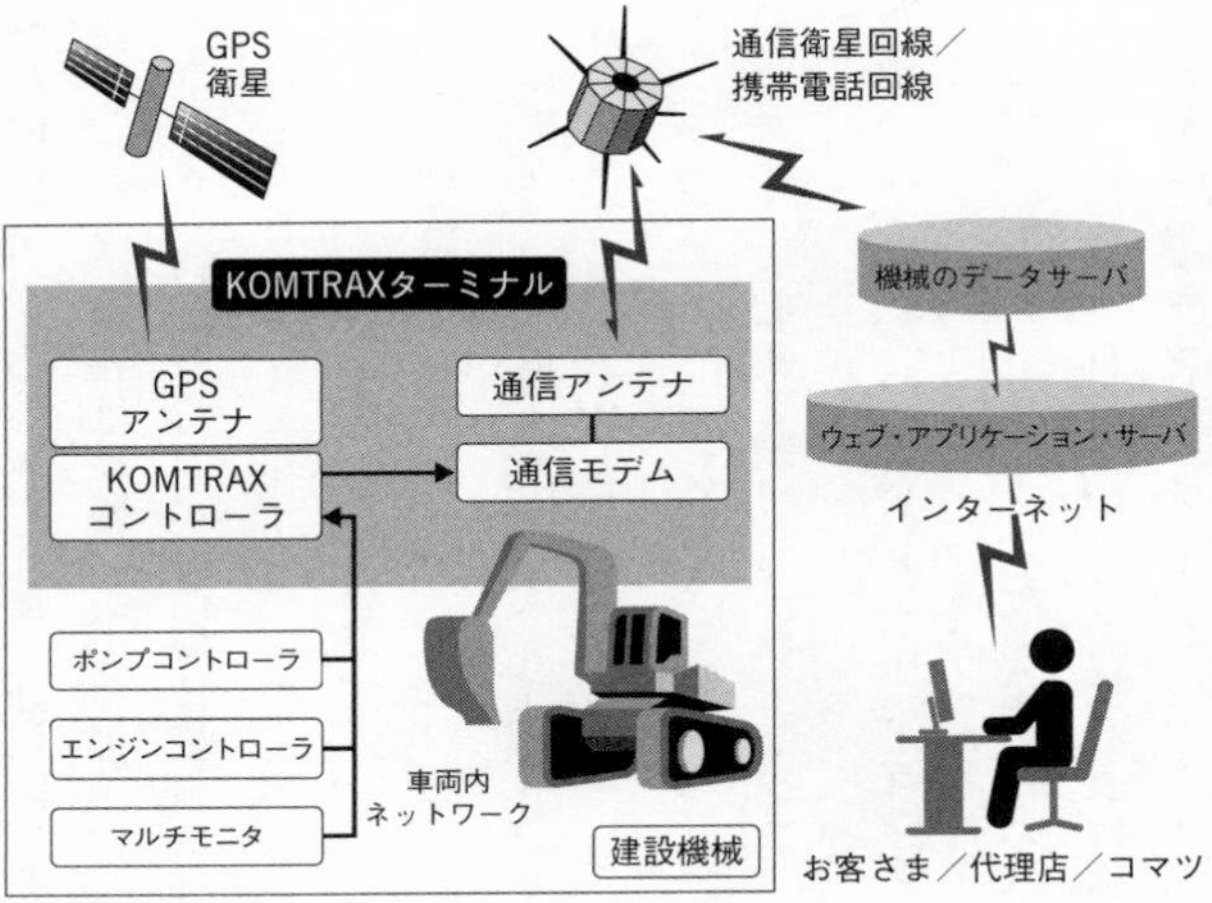

KOMTRAXのしくみ（コマツ提供）

に適用した企業』として注目されて、ハーバードの教材になったと聞いています」

　そして2018年、また一つ新しい教材が出版された。題名は『コマツ　コムトラックス：建設機械のトラッキングと需要予測』[*7]。今回はコマツの「コムトラックス」を核としたデータ活用に焦点を置いた内容である。

「コムトラックス（KOMTRAX）」とは、Komatsu Machine Tracking System の略。文字通り、建設機械の情報を遠隔でトラッキングするためのシステムだ。建設機械に取り付けた機器から、車両の位置、稼働時間、稼働状況、燃料の残量などの情報が、逐一通信衛星経由で栃木県にあるサーバー[*8]に集まってくる仕組みだ。これらの情報は顧客、販売代理店、工場、本社に共有される。現在「コムトラックス」は全世界の約60万台の建設機械に装備されているという。

なぜ今回、ハーバードはコムトラックスに注目したのだろうか。教材を執筆したウィリー・シー教授は次のように話す。

「私が特に興味をもったのはコマツのデータ収集能力です。コマツは他の企業よりもずっと早い段階から『広範囲にわたってデータを収集すること』の価値を理解していました。今、多くの企業が『ＩｏＴとデータ収集』の重要性について唱えていますが、コマツはＩｏＴ（＝Internet of Things モノのインターネット）なんていう言葉が世の中に出てくるずっと前からデータ収集を続け、それをビジネスに生かしていたのです」

現場のニーズから生まれたコムトラックス

コマツがコムトラックスを開発したのは１９９０年代後半。すべて現場のニーズからヒントを得て開発されたという。大橋会長は振り返る。

「当初は『プラットフォームをつくろう』というつもりで開発したわけではありません。ただお客さまにコマツの建機を有効に使っていただくにはどうしたらいいかを考えた結果、このような仕組みを開発できたのだと思います」

コマツの建機の価格は主力の中型クラスで2000万円ほど。鉱山で稼働する超大型クラスだと数億円もする。当然顧客はできるだけ長く使いたいと思って購入するから、買ったあとのメンテナンスサービスをいかに提供するかが重要になってくる。

1990年代当時、現場が困っていたのは、顧客の建機が故障した際、修理を完了するまで時間がかかったことだった。大橋会長が続ける。

「インターネットなんてまだ普及していない時代ですから、たとえば『山の中の工事現場で建機が故障した』とお客さまから連絡があっても、その位置を電話だけで正確に把握するのは至難のわざだったのです。『あの山のあの道の3つめの角を左に曲がったあたりで、あとは現場で探してくれ』と。もちろん故障の原因は何なのか、どの部品が必要なのか、見当がつきませんので、故障した建機の状態を一度現地で見てから、必要な部品を手配しに事務所へ戻らなくてはなりませんでした。毎回、余分な1往復が必要だったのです」

こうした現場の声は、開発本部の建設機械研究所の所員たちにも伝わっていて、何とかして車の位置、状態に関する情報を遠隔で得る方法はないか、と考えていたという。一つの契機となったのは1993年、アメリカで軍事使用のために開発されたGPSの民間利用が開始されたことだ。[*9] さらに、1990年代半ばにインターネットの本格的な商用利用がはじまったことも追い風となった。

KOMTRAX推進部長を務める武藤文雄《むとうふみお》さんは言う。

「コムトラックスの原型は、建設機械研究所のたった3人のチームでつくりあげたそうです。『車の状態を遠隔で見るにはどうしたらいいか』という素朴な疑問から開発が進められたと聞いています。端末を建機に載せて、それで通信をして、サーバーを介して情報を表示するという仕組みを試作品にして実際に私たちに見せてくれました。当時、『これ、何に使えるんですかね』と開発リーダーに聞いたら、『具体的な活用方法はわからないけれど、少なくとも車の状態がわかるようになれば、建機のビジネスには絶対役立つと思う』とおっしゃったのを覚えています」

この試作品は社内でも「面白い」ということになり、実証実験をすることになった。

実証実験に協力してくれたのは、福島県の建機レンタルを専門に行っていた会社。この会社からは「県内の地域別の仕事量がよくわかり、車両を振り分けるためのツールとして使える」「部品の交換の時期や、燃料の残量などがひと目でわかって効率的」という評価を得たが、一般ユーザーへの導入はなかなか進まなかった。ハードルとなったのが1台あたり約15万円というオプション価格。追加費用を支払う価値を理解してもらえなかったのである。

こうした中、2000年に安崎暁社長（当時）と坂根正弘副社長（当時）がコムトラックスを標準装備にすることを本格的に検討しはじめる。その理由は主に2つ。1つは「長期的には顧客だけではなくコマツのためにもなる」と思ったこと。そしてもう1つは当時の社会背景だ。

1990年代後半、建設機械を盗んで、銀行のATMをまるごと強奪する事件が全国各地で多発していた。コマツの建設機械が期せずして犯罪に利用されるようになってしまったのだ。当時、開発を進めていた建設機械研究所内でも「盗難防止に使えるのではないか」という意見が出ていた。建設機械が盗まれても、コムトラックスを装備していれば、現在地が把握できるだけではなく、エンジンにロックをかけることもできる。武藤さんは続ける。

「ニュース映像に『KOMATSU』のロゴが入った建機が写っているのを見ると嫌な気分になりましたよね。盗難によってお客さまにもコマツにも金銭的な被害が出ていましたから、社内でも深刻な問題になっていました。コムトラックスを装備して、エンジンを遠隔でロックできるようにすれば問題は解決されると思っていましたし、社内でもそういう意見はありましたが、全車両に配備するとなると巨額の投資となる。正直、現場では『無理だろう』と思っていました。それを安崎社長と坂根副社長が『標準装備するぞ』と決めてくれた。私はこの2人の決断は、世界の建設業界の生産性のレベルを押し上げた英断だったと思います」

2001年に坂根さんが社長に就任すると、一気に標準装備化を推進。その後は世界の建機メーカーが追随することとなる。今では世界中の建機メーカーが「IoT化」を進めているがそのすべてのスタートとなったのが、コムトラックスの標準装備だったのである。

マニュアルでデータを収集してきた歴史

そもそもなぜコマツは他のメーカーに先駆けて、「データの収集」をはじめることができたのだろうか。その理由をシー教授は次のように語る。

「コマツがコムトラックスを開発できたのには、もともとデータを重視する企業文化があったことも大きかったと思います。コマツは1960年代から建設機械の品質や耐久性を向上させるために、顧客の声を聞いてまわり、マニュアルでデータを収集し、いかにデータが付加価値をもたらすかを知っていました。このような文化があったからこそ、コムトラックスを開発できたのだと思います」

コマツは1921年創業。石川県小松市の近郊にあった竹内鉱業遊泉寺銅山の機械修理部門だった「小松鉄工所」が分離・独立して発足した会社だ。創業者は竹内明太郎。元内閣総理大臣、吉田茂の兄にあたる。創業の精神は「海外への雄飛」「品質第一」「技術革新」「人材の育成」だった。

創業当初は自社用工作機械、鉱山用機械を生産していたが、その後、国産第1号の農耕用トラクター、ブルドーザー、モーターグレーダー、フォークリフト、ダンプトラックなど次々に革新的な建機を開発。「海外への雄飛」を掲げていることから、戦後、早くからグローバル化を推進し、1955年にはすでにモーターグレーダーをアルゼンチンに輸出している。

1960年代になると、アメリカのキャタピラーが日本に進出。三菱重工業と合弁で「キャタピラー三菱」を設立し、コマツの強力なライバルとなる。当時日本の建機の耐久性は、外国製の2分の1程度しかなく、コマツは危機感をつのらせていた。大橋会長は振り返る。

「世界でナンバーワンのキャタピラーと日本でナンバーワンの重工業メーカーである三菱重

工業が組むことになったとき、『もうコマツは潰れるだろう。時間の問題だ』と言われていたのです。そのときに当時のコマツの河合良成社長が『キャタピラー三菱とコマツの差は何なんだ。商品の品質だろう。その品質を短期間で改善して追いつかなければいけない』と言って、徹底的に品質改良を進めました。それが『マルA対策』です」

「マルA対策」とは1961年にコマツ社内ではじまった、キャタピラーのブルドーザーの品質に追いつき追い越すことを目的としたプロジェクト。キャタピラーのブルドーザーを徹底解剖すると同時にユーザーからのヒアリングも行い、構造、材質、加工、熱処理などあらゆる分野にわたって品質の改善を進めていった。その結果、品質を飛躍的に向上させることに成功し、3年後の1964年にはデミング賞を受賞するほどとなった。

次に1972年からはじまったのが「マルB対策」。その目的はコマツの建設機械が海外でも売れるように、さらに品質や耐久性を引き上げること。社員は顧客をまわってブルドーザーの稼働日報を見せてもらい、ブルドーザーの補修の頻度、補修の箇所、修理費用などを調査した。必要なデータは逐一手書きで写し取っていたという。

こうして現場で集めたデータは宝の山だった。たとえばタイヤ周辺の修理に多額の費用がかかっていることがわかれば、タイヤ周辺の部品の耐久性を強化しよう、と品質改善につなげていったのだ。

シー教授がハーバードの教材にも書いているとおり、コマツは最初から「データがお金になる」と思ってデータを収集していたわけではなかった。あくまでも、その目的は顧客のために良い製品をつくることだった。しかし、注目すべき点は、1970年代からすでに顧客の収益性を改善することも目的にしていたことである。

社長としてコムトラックスの標準装備を推進した坂根さんは次のように述べている。

「私がコムトラックスの標準装備化を決断した背景には、カネでは買えない、データのかけがえのなさを皮膚感覚で知っていたこともあったと思います」[*10]

坂根さんは「マルB対策」のもと、現場を駆けずり回ってデータを収集していた一人だった。

その後、坂根さんは「ダントツ・プロジェクト」を発足させ、コマツの競合優位性を確固たるものにしていく。「ダントツ商品」に認定されるためには2つの条件があった。1つめは、いくつかの重要な性能やスペックで、競合メーカーが数年かかっても追いつけないような際立った特徴をもつこと。2つめが、これまでの製品と比べて、原価を10％以上引き下げ、そのコスト余力をダントツの実現に振り向けた製品であること。ダントツの重点領域は

「環境」「安全性」そして「ＩＣＴ（Information and Communication Technology＝情報通信技術）」だった。

現在、「ハイブリッド油圧ショベル」「ＩＣＴブルドーザー」「ＩＣＴ油圧ショベル」「バッテリー式フォークリフト（ＦＥシリーズ）」などがダントツ商品、「コムトラックス」などがダントツサービス、「無人ダンプトラック運行システム（ＡＨＳ）」「スマートコンストラクション」などがダントツソリューションとして認定されている。

これらすべてを開発する鍵となったのがデータだったのである。

ちなみに「ダントツ」として認められるには、社内で経営幹部による厳しい審査がある。毎年審査しても「認定されるのは数年に一度」という難関だという。

優れたプラットフォームを生んだ日本型組織

シー教授がキャタピラーや農業機械大手のディア・アンド・カンパニーなど、各社のプラットフォームを研究する中で注目したのが、コムトラックスのもつデータを統合する能力だ。「機械の設計、ソフトウェアの設計、データ・インフラストラクチャーの構築、それぞれに長けているメーカーはありません。ところが、これらの技術を結集したプラットフォームはそうそうないのです」と絶賛する。

なぜコマツのプラットフォームは統合能力に長けているのだろうか。その要因を武藤さんは次のように分析する。

「コマツのICT部隊は1980年代からずっと神奈川県平塚市[*11]の同じ建屋の中で開発を進めてきました。コムトラックスに関わるハードウェア、ソフトウェア、OSもすべてこのチームが自前でつくっています。新機種をつくるときには車体工場からICT部門に必ず相談がありますし、ICT部門から『今度、こういう新しい技術を使って、新しい機械をつくらないか』と工場に提案することもあります。コマツでは新しいことに挑戦するときには、工場、ICT部門も含め、皆で連携してやるというのが伝統になっています」

つまり「同じ釜の飯を食った仲間」が切磋琢磨しながら新しいことに挑戦してきたことが、結果的に統合能力に優れたプラットフォームを創造することにつながったというのだ。

これは戦後の高度経済成長期、多くの町工場から優れた製品が生まれた要因と共通している。大企業になればなるほど、部門別にタコツボ化が進み、横の連携がとれにくくなる。ところがコマツは日本企業の古き良き伝統を守り続け、異なる専門をもつ人たちが連携して開発を進めてきた。それが結果的に世界のIoTの先駆者となることにつながったのだ。

なぜコムトラックスは中国で評価されたか

2001年以降、コムトラックスを装備したコマツの建設機械は世界中で人気を集めていく。その要因をシー教授は次のように分析する。

「コムトラックスは、顧客の問題を解決してくれるからです。コムトラックスのデータを使えば、時間とコストの節約につながることは明白です。世界の建設機械のメーカーを見てみれば、高価格帯のプレミアム製品を提供しているのは、コマツとキャタピラーの2社だけです。その下にはたくさんの競合メーカーがひしめいています。この優位性を保つためには、顧客が『お金を余分に払ってもいい』と思えるような実利的な価値を提供しなくてはなりません」

つまりコムトラックスは「顧客に実利をもたらす」ことが、人気の要因となっているというのだ。シー教授は教材を執筆するにあたって、アメリカ国内の顧客にインタビューしてまわったが、多くの顧客が「コムトラックスを使うと自分の得になる」と価値を実感していたという。

世界の中でもコムトラックスの価値をいち早く評価したのが中国の販売代理店だ。中国では一般的に、建設機械を一括払いで買える人は少なく、代理店からローンで購入する人が多い。その中には「仕事がないから返せない」とローンの返済を滞らせる人もいる。そんなとき機械の稼働状況がわかっていれば代理店側は「それはおかしい」と正々堂々と反論できる。さらに、何度も警告を発しても支払いが滞るようであれば、エンジンをロックしてしまうこともできる。

代理店だけではない。実際に使用している顧客にとってもメリットがある。中国の顧客の多くは個人オーナー。コストパフォーマンスを何よりも重視する。儲けるためには、できるだけ燃費をかけず、修理費もかけず、長時間稼働させたい。コムトラックスを使えば、機械のライフサイクルコストを低減し、自らの収益性を最適化することができる。この実利こそが、ヒットの要因の一つだったのである。

何のためにデータを集めるのか

コマツは2019年、そのコムトラックスを20年ぶりに刷新することを発表した。次世代通信規格「5G」などの新技術を見据え、デジタルビジネスを加速していくためだ。2020年には中古や他社の建機をICT化するサービスも提供していく。

データは「次世代の石油」ともいわれている。たとえば農業機械の業界では、データそのものを商材としたビジネスもはじまり、関連各社はデータサイエンティストを大量に採用している。

ディア・アンド・カンパニーは、農機の作業状況に関するデータを集約して分析し、第三者に販売している。アメリカで作付けされたトウモロコシやジャガイモなどの量に関するデータをほぼリアルタイムに収集した上で、顧客のニーズに基づいて分析し、より緻密な需要予測を必要としている種子関連企業、化学企業、銀行、政府などに販売しているという。[*12]

また、農業データそのものを収集することをビジネスとする企業も出てきている。アメリカのファーモバイルは、農家がデータを収集し、販売するソリューションを提供している。[*13]

コマツは今後、コムトラックスをどのように進化させていくのだろうか。武藤さんは言う。

「5Gになろうが、双方向になろうが、コムトラックスの本質は変わりません。それはお客さまのためにデータを集め、データを活用するということ。技術の進化によって、建機の『見える化』のレベルアップをしていくだけです」

大橋会長は、コマツのコムトラックスを搭載した建機と、アマゾンのスマートスピーカーのようなIoT家電とでは、データを集める目的が違うという。

「私たちにとってデータはあくまでもハードとセットであるということ。私たちがデータを集めるのは、お客さまに私たちの製品をよりよく使ってもらうためです。世の中には他社のコピー製品を製造して販売している会社はたくさんありますが、そういう会社は『モノをつくればいい』と思っています。でも私はそれではだめだと思います。モノをつくるだけではなく、それをフル活用してもらって初めてそのモノが生きるのです」

「ダントツ経営」の本質は人と同じことをしないこと

ハーバードの教材には大橋会長の次の言葉が引用されている。

我々が「顧客価値創造」と呼んでいる活動では、我々がお客さまの現場に入り、お客さまとの建設的な対話を通じて現場の「将来あるべき姿」や「真の課題」を見定め、商品・サービス・ソリューションなど社内のリソースをフル活用して、お客さまとともに課題の解決に取り組んでいきます。[*14]

なぜこの言葉を引用したのだろうか。シー教授は言う。

「私がこの言葉を引用したのは、コマツの顧客志向を象徴しているからです。顧客志向はイノベーションを起こしていく上でとても重要なことです」

しかしながら、圧倒的に強いコマツにも課題はあるという。特に脅威となるのが中国企業の台頭だ。現在、XCMG、三一重工などが急速にシェアを伸ばしている。シー教授は次のように警鐘を鳴らす。

「特にコマツにとって脅威となるのは、中国のメーカーがIT関連の付属品を無料で提供していることです。たとえば今、吉利汽車（ジーリー）の販売店で自動車を買うと、Wi-Fi機能が無料でついてきます。中国の消費者は『IT機能をつけるので追加料金を支払ってください』と言われても『なぜ?』となってしまうのです。遅かれ早かれ、中国の建設機械メーカーもIT機能を無料でつけた製品を提供してくるでしょう。これはコマツに大きな問題をもたらすと思います」

今後もコマツが競合優位性を保っていけるかどうかは、イノベーションの創出を継続できるかどうかにかかっているのだ。競合優位性は永遠に保てるものではない。優れた製品を開発し、それがヒットしても、すぐに他のメーカーが似たような製品を製造し、価格競争になる。特許が切れたり、競合が類似技術を開発したりすれば、製品のコモディティー化も進む。こうした課題にコマツはどのように取り組んでいくのか。大橋会長は言う。

「ダントツ経営の本質は、人と同じことをしないことです。人の真似をして、人と同じレベルのことをやっていたならば、我々は生き残れません。ただどれだけ時代が変わろうと、国別の違いがあろうと、『効率的に土を掘りたい』『効率的に土を運びたい』というニーズは変わらないと思います。我々はそのニーズに応えていくだけです」

シー教授もまた、ダントツ経営を続けることが何よりも重要だと話す。

「これはコマツだけではなく、すべての企業にあてはまることですが、競合優位性を保つには、イノベーションを起こしつづけるしかありません。それはコマツのダントツ経営の真髄でもあります。長期的な視野でイノベーションに投資し、ダントツ商品を開発しつづけることこそが、コマツのさらなる成長につながると思います」

シー教授はコマツのコムトラックスの事例を自らのイノベーションの授業で教えていきたいという。コムトラックスの開発から実用化、その後の進化の過程は、イノベーションの本質を教えてくれる。それは顧客の視点から発想し、人と同じことをしないことだ。

超優良企業ディスコの組織改革

高収益と社員の幸せは両立するか

世界シェア7割、過去5年間の営業利益率20〜30％[*1]、過去10年間で売上高約3倍[*2]……。2018年度の売上高は1475億円、営業利益は386億円。半導体製造装置メーカーのディスコは日本の優良企業の中でも、超がつくほどの高収益・高成長企業だ。

それだけではない。日本における『働きがいのある会社』ランキング第2位（大規模部門）[*3]、厚生労働省「第1回　働きやすく生産性の高い企業・職場表彰」最優秀賞受賞。[*4]社員の平均年収991万円、2019年冬のボーナスの平均は196万円で全国第2位。[*5]社員の待遇面でも突出していることから、日本国内でも多くのメディアに取り上げられている有名企業だ。

なぜディスコは高収益と社員の高い満足度を両立させることができるのだろうか。その要因を組織・人事の側面から分析したのが、ハーバードのイーサン・バーンスタイン准教授

(Ethan S. Bernstein) だ。

「社員のやる気と生産性を高める組織づくり」に興味をもち、研究を続けてきたバーンスタイン准教授は、ディスコの事例を知ったとき、すぐさま教材にしたいと思ったという。

「私がディスコの事例を知ったとき、次の3つの点ですぐに興味をもちました。まず1つめは、最高経営責任者（CEO）の関家《せきや》一馬《かずま》さんが『独自の経営哲学をもったリーダー』であること。これは過去の偉大な日本人CEOと共通する特性です。2つめは、競争が激しく、景気に左右されやすい業界であるにもかかわらず、ディスコは高い市場シェアと収益率を達成し、超優良企業の地位を保ち続けていること。3つめが、優秀な人材を獲得することに成功していること。ディスコは、半導体製造装置の世界では有名な会社ですが、一般的にはそれほど知られている会社ではありません。ところが優れた若者がどんどん入社し、中には大企業の内定を辞退してディスコに入る人もいます」

バーンスタイン准教授はディスコの経営者や社員を自ら取材。ディスコが世界で初めて開発した個人別管理会計システムをテーマに教材を執筆し、2018年『ディスコの個人ウィル』[*6]を出版した。バーンスタイン准教授は続ける

「個人別管理会計システム『個人ウィル』は、社員を皆、個人事業主、あるいは、社内起業

家のような存在に変える画期的なものです。私はこれまで世界中の企業の組織開発を研究してきましたが、これほど社内に『市場』を形成することに成功した企業はないですし、これほどユニークで先進的なシステムも見たことはありません」

いったい、ディスコはどういう「仕組み」を開発し、高収益と社員の幸せを両立させているのだろうか。

ミクロンの世界にイノベーションを起こす

ハーバードの教材は人事・組織分野のイノベーションに注目しているが、その前に、ディスコが技術分野で起こしてきたイノベーションについてもお伝えしたい。

NHKスペシャル『電子立国 日本の自叙伝』(1991年放送)は、半導体産業の歴史と、それを生み出し、発展させ、産業に築き上げた日本の科学者や技術者たちの考え方、生き方を描いたドキュメンタリー番組だ。全6回シリーズの最終回「第6回 ミクロン世界の技術大国」に登場するのがディスコ。日本の半導体産業の歴史になくてはならない重要なイノベーションを起こしてきた企業の一つとして紹介されている。

ディスコは1937年、広島県呉市で創業。戦前、呉市には海軍工廠があり、最先端のハイテク技術が集まっていた。こうした中ディスコの創業者、関家三男は「軍艦の砲身の中を磨くための砥石を供給する事業で儲けている会社がある」と聞き、砥石をつくるメーカー、第一製砥所を設立。しかし、後発企業であったため思うように官需の仕事を取ることができなかった。そこで1940年にやむなく東京に拠点を移転。「切る」「削る」ための砥石の開発を進め、厚さ1・2ミリ（1200ミクロン）の精密砥石の開発に成功する。

この薄型精密砥石が戦後、大ヒットする。金属に薄く切れ目を入れる技術は、家庭用の電力メーターを製造するのに欠かせない技術だったからだ。戦後の復興時期、住宅がどんどん建築されるのにつれて、電力メーターの需要も急増。メーターの製造会社から砥石の受注が相次ぎ、「精度の高い切断が必要なら第一製砥所」といわれるほど、業界では有名な存在となった。

住宅ブームが落ち着くと、次に主要な顧客となっていったのが国内の万年筆メーカーだ。当時日本製の万年筆はペン先の先割り加工が悪く、インクが漏れると評判が悪かった。メーカーの依頼をもとに、厚さ0・14ミリ（140ミクロン）という電力計のときの10分の1の砥石を開発することに成功。国内のメーカーが製造する万年筆のペン先をすべて第一製砥所の切断用砥石で切っていた時代もあったという。

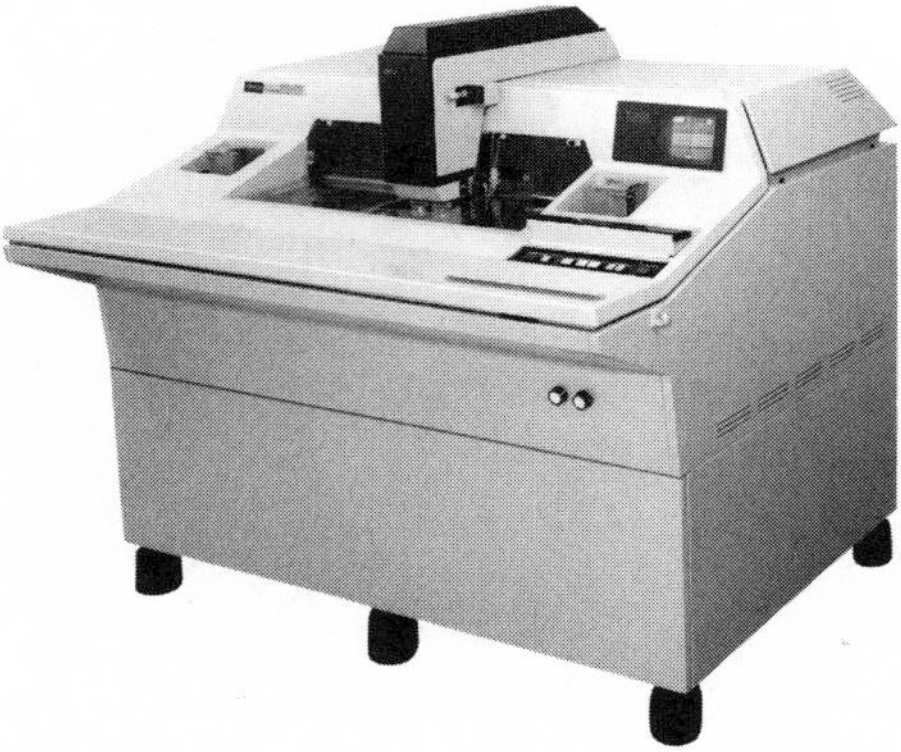

世界初の全自動ダイシングソー「DFD 2H/S」（ディスコ提供）

次に顧客となっていったのが半導体業界だ。1968年、第一製砥所は140ミクロンよりもさらに薄い、厚さ40ミクロンの超薄型砥石をつくることに成功する。そのきっかけは工場の現場の社員が遊び半分で「もっと薄い砥石をつくれないか」と挑戦してみたことだったという。この超薄型砥石「ミクロンカット」に目をつけたのが当時の半導体業界だった。「ウエハー上に形成した集積回路を精密にチップ状に切り分けるために最適の砥石だ」と評価され、国内メーカーからの需要が増えていった。

ところが、半導体産業は急速に技術進化を続けていき、砥石だけを製造していては顧客の要求に応えられなくなってきた。砥石の能力を最大限に発揮してくれる切断装置がなかったからである。そこで、機械メーカーに依頼して試作機をつくってもらったが、理想の装置はどうしてもできず、やむなく自社で装置からつくることにした。1975年、アメリカのセミコンウエストに、半導体のウエハー上に形成された集積回路などを切り出し、チップ化する機械を出品。これが大評判となり、第一製砥所のコーナーは黒山の人だかりができるほどの賑わいを見せていたという。[*7]

これを機に第一製砥所はグローバル化を加速させていく。1977年、社名をディスコ（DISCO）に変更。DISCOは Dai-Ichi Seitosho CO., Ltd.」の略だ。1978年、世界初の「全自動ダイシングソー」を開発。その後は、ダイシングソーをはじめ、レーザーソー、グラインダ、ポリッシャなど、「切る、削る、磨く」製品を開発し、半導体製造装置の分野で世界シェアを伸ばしていく。現在、ダイシングソーの世界シェアは7〜8割、グラインダ・ポリッシャの世界シェアは6〜7割。いずれも世界一のシェアを誇る。

主力製品の一つであるダイシングソーは、半導体素材であるシリコンウエハーを、チップ状に切断する装置。「ブレード」という円状の極薄砥石を高速回転させて加工する。その精密さは、髪の毛の断面を約30分割、シャープペンシルの芯の断面なら約850分割するほどだ。

なぜディスコは、このような卓越したイノベーションを次々に起こすことができたのか。関家一馬社長は次のように分析する。

「目の前の課題を全力で解決してきたからだと思います。お客さんから『これ切ってくれ』と言われて挑戦したり、『おたくのブレードじゃ切れないよ』と言われて改善したり。とにかく目の前の課題を掘る。解決する。そのときに一歩前に出る。すると次の課題が見える。この連続です。ただ、めざす方向はそれぞれの時代の社員や役員が心底考えて決めてきたと思います。その方向が運良く当たった、というのが正直なところではないでしょうか」

世界初の「個人ウィル会計」で組織改革

ディスコは1990年代半ばから人事・組織の分野でもイノベーションを起こしていく。

1996年には京セラ創業者の稲盛和夫さんが発案した「アメーバ経営」を参考に、部門単位で管理会計を導入。2011年には社員一人ひとりの採算を管理する「個人ウィル会計」をスタートさせた。部門単位の管理会計は多くの企業で取り入れられているが、それをさらに進化させ、個人単位で売上と支出を「見える化」したのが個人ウィル会計だ。

関家社長が個人別採算を取り入れた狙いは、社員全員に採算とコストを自分事として意識してもらうことだった。部門別では売上やコストを意識するのは組織長だけで、現場レベルにまで浸透しなかったという。関家社長は言う。

「部門別会計で『見える化』していたのは、いわば陸上部の100メートル走のランナー全員の『平均タイム』。個人別のタイムではないんです。でもランナー一人ひとりが頑張らないと平均タイムは上がらない。それで『これが君のタイムだよ』と数字で具体的に示したら気にしてくれるんじゃないかと思ったのが、『個人ウィル会計』を開発した狙いです」

それにしても、5000人を超える社員の収支を管理するためのシステムをつくるには膨大な労力がかかるだろうし、自分の仕事が数値化されることに抵抗感を示す人だっているだろう。そうなれば社内は混乱すること必至だ。にもかかわらず、なぜ実行に踏み切ったのだろうか。関家社長は続ける。

「一般の会社ですと、管理職が部下を使って数字をつくればいいという考え方だと思いますが、私はやっぱり社員一人ひとりが『数字をよくしよう』と思わないとだめだろうなって思ったんです。しかも自分から『そうしたい』と思わないとだめだろうなと。上から命令されても、やる必要がないと思えばやりたくないですよね。そのやる必要を感じさせる環境をどうつくるか。その解決法が『個人ウィル』だったということです」

「個人ウィル会計」の画面（ディスコ提供）

「個人ウィル会計」とはどのような仕組みなのだろうか。

ディスコでは、所属部門にかかわらず全社員の売上、支出が個人別に管理されている。その単位はディスコの社内通貨ウィル。1ウィル＝1円の換算だ。ウィル[*8]はドルやユーロなどと同じ通貨の単位だ。ウィルとは英語で「意志」を意味する。社員の意志の象徴としてウィルという名前をつけたという。

ここでは広報室の社員の事例をもとに、売上と支出の仕組みを説明しよう。

たとえば日経電子版に関家社長のインタビュー記事が出たとする。その記事がポジティブなものであれば、掲載記事の大きさ等に応じて広告費換算され、広報室の担当者に「収入〇〇万ウィル」

という形で計上される。その収入はさらに、記事に関わった広報室のメンバーにそれぞれ支払われる。広報室の担当者は社長、同席してくれた他部署のメンバーなど協力者にウィルを支払い、会議室の使用代など必要経費を当該部門に支払う。

個人ウィル会計の画面には、部門別ランキングにおける広報室の順位、広報室内における自分の順位も明確に示されている。これだけ見ると競争をあおっているように思えるが、実際には協力関係が生まれているのだという。関家社長が加えて説明する。

「『個人ウィル会計』をはじめてからなぜみんな頑張るようになったかといえば、個人ウィル会計の結果によって賞与の額が変わるからですね。賞与の額はまず会社全体の業績によって原資を決めます。この原資を部門成績に応じて部門に配布します。さらに部門は個人成績に応じて個人に配布します。つまりいくら個人で頑張っても、部門全体の成績を上げないと、賞与が増えない仕組みになっています。だから個人別成績で上位の人は下位の人たちを助けて、底上げしようとする力が働くのです」

自分の仕事は自分で選ぶ

個人ウィル会計システムは、社員の生産性を数字で「見える化」するだけではない。自分の仕事を自分で選ぶためのツールとしても活用されている。

ディスコでは、新入社員から管理職まで全員、自分の仕事はすべて自分の意志で決められる。受け入れ先の部門が了承さえすれば、社員は自由に異動できるのだ。

また社内には業務依頼用の掲示板があり、オークションサイトのように誰でも閲覧・入札ができる。もっと働きたい、もっと学びたいという人は、他部門の仕事でも希望する報酬金額（ウィル）を提示して落札できれば請け負うことができる。オークションサイトとの違いは、最も高い金額ではなく最も低い金額を提示した人が落札できる可能性が高いことだ。というのも仕事を発注する側にとって業務依頼は売上ではなくコストになるからだ。この掲示板には翻訳作業、航空券の手配などの事務的なものから、設備の保守点検、製品動作検証の補助など専門的なものまで多岐にわたる業務が並んでいる。

仕事を「出品」した人は、提示された金額とその人の専門分野を総合的に判断して落札者を決める。全く技術の知識のない経理部門の人が「技術部門の仕事をしたい」と低い金額を提示しても、落札するのは難しい。

この「自分で自分の仕事を選べる仕組み」は、社員の働き方に大きな変革をもたらした。

たとえば、子育て中の女性は、何の気兼ねもなく早い時間に仕事を終え、子どもを迎えにいくことができるようになった。時間内に終わる仕事を請け負ったり、仕事が終わらなければ他の人にウィルを支払って頼んだりすればいいからだ。また管理職は、部下にやりがいを感じてもらい、満足して働けるような環境を整えることに時間を割くようになった。仕事を請け負う人がいないと自分でやるしかなくなるし、最悪の場合、自分のもとで働く人が異動してしまう恐れがあるからだ。

さて、社員が全員好きな仕事をしたら、すべてがすべて、経営側が望んでいる仕事であるとは限らない。たとえば経営側がどうしても開発したい技術があったらどうするのだろうか。関家社長は言う。

「その場合は『全社勘定』という、私が管理している予算から報酬を出します。この『全社勘定』は政府の補助金のような役割を果たしています。『こういう技術を開発してくれた部署には成功報酬で2億ウィル支払います』といえば、おそらく複数の部署が手をあげますよね」

前述のとおり、ディスコは卓越した技術力で成長してきた会社であり、技術のイノベーションを生み出し続けることは不可欠だ。それをボトムアップとトップダウンの両方で実現していくことを可能にしているのが「個人ウィル会計」なのである。

組織は「維持する」から「構築する」時代へ

ハーバードのＭＢＡプログラムでディスコの事例は「人材管理」という選択科目で取り上げられている。この授業では、リクルーティング、新人研修、人事評価、報酬・ボーナス、人材育成、組織開発など、人事に関する基本的な知識を身につけていくが、ディスコのケースは組織開発を学ぶ回で「従来の常識とは違った形態の組織をつくった事例」として紹介されている。バーンスタイン准教授は言う。

「現代においては『既存の組織の維持』よりも『新しい組織形態の構築』が、人事のますます重要な仕事になりつつあるといわれています。その中でディスコは、『独自の組織の構築』に成功している会社の一つです。これは多くの企業や組織のリーダーにとって学びの多い事例だと思います」

授業では「なぜこの会計システムに価値があるのか」「どういうときに威力を発揮するのか」「改善すべき点があるとするとどんな点か」などを議論する。２０１９年春の授業には、関家社長をはじめ、ディスコの役員、社員も多数参加したという。

組織は「維持する」から「構築する」時代へ。この事例としてよく挙がるのが、ザッポス・ドット・コム、エアビーアンドビー、W・L・ゴア・アンド・アソシエーツ、パタゴニア、モーニング・スターなどだろう。

靴のネット通販会社であるザッポス・ドット・コムと民泊仲介会社のエアビーアンドビーが採用しているのは「ホラクラシー」。「ホラクラシー」とは分権型の組織統治手法の一つ。上司と部下、肩書などに基づく一般的なピラミッド型の「ヒエラルキー組織」とは全く違う組織形態をとる。ホラクラシー組織では、意思決定はチームや個人に任されていて、社員は個人事業主と同じような存在だ。

防水耐久性・透湿性・防風性を兼ね備えた素材、ゴアテックスを製造するW・L・ゴア・アンド・アソシエーツが採用しているのは、「格子型組織」。「格子型組織」とは、社員の平等と公平性を尊重した組織のこと。同社ではCEOを選定する際、取締役会が社員に「誰についていきたいか」を聞くことになっている。[*9] 社員の意見が重要な決定要素の一つとなっているのだ。

アパレルのパタゴニア、トマト加工業者のモーニング・スターなどが実現しているのは「ティール組織」。「ティール組織」とは自主経営、全体性、存在目的を重視する進化型組織のこと。元マッキンゼー・アンド・カンパニーのコンサルタントが提唱した。

こうした革新的な組織づくりを進める会社と比較しても、日本のディスコの事例は際立っているという。

なぜこのような組織づくりを日本のメーカーが実現することができたのだろうか。その理由としてバーンスタイン准教授は、日本の市場環境を挙げる。

「日本は世界的に見ても、国内市場の競争が激しい国です。製造業に限らず、あらゆる分野に競合がひしめきあっています。日本企業の経営者は、競合よりも売上を増やすにはどうしたらいいか、優秀な人材を確保するにはどうしたらいいか、常に考えていなくてはなりません。ディスコの『個人ウィル会計』は極めてユニークなシステムですが、こうした日本の厳しい市場環境を勝ち抜くための一つの『解』として開発された、といっても過言ではないのです」

真似できないのにハーバードが教える理由

ディスコの「個人ウィル会計」は日本国内でも数多くのメディアで紹介されている。その様子は「アメーバ経営」が注目されたときを彷彿させる。関家社長のもとには「我が社の参考にしたい」という経営者たちがひっきりなしに訪れてくるのだという。しかしながら、同じようなシステムを導入して成功したという事例をいまだ聞いたことがない。それほど真似するのが難しいシステムなのだ。関家社長は言う。

「個人ウィル会計がうまくいく条件は3つあると思います。1つめは事業経営が健全であること。2つめが良好かつ誠実な企業文化があること。そして3つめがシステムを社内で構築できることです」

1つめの「健全な事業経営」が必須条件である理由は、この会計システムを開発して運営していくには、相応の企業体力が必要だからだ。倒産しそうな赤字企業やレッドオーシャン市場で疲弊している企業が起死回生策として導入してもまず成功しない。それをきちんと機能させていくだけのリソースを投入できないからだ。

2つめの良好かつ誠実な企業文化も必須条件だ。新しいことに挑戦することを良しとしない会社に導入したところで機能しないのは明らかだ。ディスコにはもともとボトムアップで何でも試してみる文化があったし、「DISCO VALUES」という企業理念[*10]が全社員に浸透していて、不正を働こうとするような人は会社にいられなくなるような風土も整っていた。

3つめのシステムの内製能力が必須条件なのは、このシステムは社内外の環境やニーズに応じて常に改良しつづけなければならないからだ。「個人ウィル会計」のシステムは現在バージョン250。担当者は「外注ではとても開発できなかった」と話す。

では、なぜバーンスタイン准教授はハーバードでこの事例を教えるのだろうか。

「リーダーとして何よりも大切なのは自らの経営哲学を確立することです。哲学がなければ、組織も構築できないからです。そして、その哲学を具現化する組織ができるまで実験しつづけることです。思考と実験は、ハーバードの校是でもありますが、ディスコの事例はまさにそれを実証した事例なのです」

つまり、リーダーとして最も大切な本質の一つをこの事例から学んでいるのだ。

目の前の課題は根本から治療する

関家社長にあらためてご自身の経営哲学をうかがうと、次のような答えが返ってきた。

「バーンスタイン准教授は私のことを『哲学者』だとおっしゃってくれているようですが、私からすれば、目の前の課題解決をしてきただけなんです。ただその解決をするときに、上から絆創膏《ばんそうこう》を貼るのではなく、『徹底的に根本治療する』ことを大事にしてきました。絆創膏を貼ってもまた血が出てくる。だからもともとの傷を治さないとだめだよね、ということです」

その根本治療法の一つが「個人ウィル会計」だったのだ。

この個人ウィル会計は2つの問題を解決したという。1つは、若手社員のモチベーションだ。通常日本の企業では、新入社員が張り切って課長に新規事業を提案しても「10年早い」と言われて潰されたり、先輩からも「余計なことをするな」と言われたりする。ところがディスコでは、社員は自分で自分の仕事を選べるので、そのような「ブラック上司」は淘汰されてしまう。

確かにディスコの現場の社員は皆、楽しそうに仕事をしている。社内を見学させていただいた際も、グローバル研修部の女性社員が、「今月、もう少しウィルを稼ぎたいなと思っていたので、広報室から仕事を依頼されてうれしかったです」と言いながら、熱心にダイシングソーの説明をしてくれたのが印象的だった。

もう1つは、大企業が陥りがちな官僚主義の排除。無駄な会議、無駄な報告書、無駄な手続き、縄張り意識……。こうしたものを一切なくしてしまったのが個人ウィル会計だ。社員は会議ひとつ開くにもコスト（ウィル）がかかるのだから、この会議が本当に必要なものかどうか、必死で考える。報告書を書くときも果たして自分の時間（ウィル）を使ってこの書類を書いて、どれだけ売上や利益につながるのか、と考える。関家社長は言う。

「人間には『やりたいこと』と『やらなきゃいけないこと』があります。会社の中でどれだけ『やりたいこと』をやっている時間の割合を増やせるかが大切だと思うのです。ところが会社がやってほしいことはある。そこにウィルを出せば、『やらなきゃいけないこと』を『やりたいこと』に変えられるのです」

ディスコの「個人ウィル会計」は今も進化を続けている。関家社長の「思考と実験」はこれからも続いていくことだろう。ディスコの事例は日本企業が技術だけではなく、組織の分野でもイノベーションを起こせることを示す好例なのだ。

第2章

歴史

高度経済成長の奇跡はなぜ実現できたのか

世界的なベストセラー教材『日本：奇跡の年月』

日本の高度経済成長を分析した『日本：奇跡の年月』[*1]は、ハーバードで最も長く教えられてきた教材の一つである。

この教材は2001年に出版後、世界中の経営大学院で使用され、今もベストセラーとなっている。なぜこれほど人気を集めているのだろうか。

教材を執筆したルイス・ウェルズ名誉教授（Louis T. Wells）はこう分析する。

「その理由は3つあると思います。1つめは、なぜ日本が戦後、これほどの高度経済成長を遂げることができたのか、その要因を誰もが知りたいと思っていること。2つめは、『誰が何をすれば国は発展するのか』という本質的、かつ、普遍的な問題を学ぶことができること。3つめは、『本当に奇跡だったのか』というテーマが刺激的で、議論が盛り上がることです」

実際に授業を受けたハーバードの学生に話を聞くと、先進国の学生と発展途上国の学生とでは印象に残ったところが違っているのが面白い。欧米人の学生は、「政府の役割の違い」に注目していたのに対し、発展途上国出身の学生は自分の国と照らし合わせ、日本の経済成長の手法を模範とすべきモデルとして見ていた。

タイ人学生のエイミー・アサワテワウィスさんは言う。

「タイはなぜ日本のように急速に経済成長できなかったのか、と深く考えさせられました。その要因を考えてみると、やはり政策の問題と人材の問題に行きつくのではないかと思います。日本の経済成長からタイが学べることはまだたくさんあると思いました」

教材で強調された通産官僚の思い

『日本：奇跡の年月』は次の一文から始まる。

1952年、GHQの占領が終わり、駐留軍が日本から引き揚げようとしているとき、その誰もが『この国の人々がまともな生活水準で暮らせる日がくることはあるのだろうか』と思った。*2

今では想像もつかないほど、戦後の日本は貧しかった。

連合国軍総司令部（GHQ）の占領期が終了した翌年の1953年に通商産業省（以下、通産省）に入省した小長啓一《こながけいいち》さん（1984～1986年、事務次官）は次のように振り返る。

「まだ配給制度が残っていましたし、電力も不足していて、道路もほとんど舗装されていませんでした。アメリカの人たちが『本当に大丈夫かね』と思ったのも当然でしょうね」

そこから日本は驚くべき経済成長を遂げ、1970年代にはイギリス、フランス、西ドイツのGNPを超えるまでになる。

なぜ日本はこれほどの成長を実現できたのだろうか。それを解き明かすのがこの教材の目的だ。

教材ではその大きな要因として「政府主導による経済復興システム」を挙げている。つまり、政府が主導して、特定の産業や企業に対して低利融資を行ったり、補助金を付与したりすることによって産業政策を推進していくシステムが、日本の場合は非常にうまく機能した、という分析だ。

『日本：奇跡の年月』には1950年代、GHQ占領後の日本で、当時の通産省、経済企画庁、大蔵省がどのような戦略を描き、何を実施したかが書いてあるが、特に焦点を置いているのが、通産省が実施した産業政策だ。

資源がない国が生き残っていくためにはどうしたらいいのか。それには貿易立国になるしかない、ということは当時通産省にいた誰もが納得していた。またいきなり市場原理に基づいて欧米企業と競争してもうまくいかない、という点でも一致していた。問題はどの産業を保護・育成すれば国際競争力がつき、国が成長できるのか、という点だ。

通産省は軽工業ではなく、あえて重厚長大産業に投資していくことを決める。目の前の経済を順調にまわすためには、安い労働力を武器に労働集約型産業である軽工業を推進していけばよかったはずだ。なぜそのような決断を下したのか。教材で紹介されているのはその理由を説明している通産官僚の言葉だ。


人口500万～1000万人規模の国であれば労働集約型産業を推進するのは合理的な判断でしょう。しかし日本は多くの人口を擁する国です。(中略) 短期的に見れば経済合理性に反するかもしれませんが、長期的に見れば、1億人の国民全員が欧米並みの生活をできるようにするには軽工業だけでは不十分だと考えました。これが正しいかどうかはわかりませんでしたが、とにかく日本は重化学工業を推進する必要があったのです。[*3]

1950年代、産業政策を担う通産省の官僚がモデルにしたのは、欧米の先進国だった。先進国では、重厚長大型産業を育成することで経済を成長させることに成功していた。重厚長大型産業は需要の所得弾力性（所得が1％増加したとき、需要が何％増加するかを表した指標）の高い産業であり、国民の所得が上がれば、それだけ需要が増し、成長する産業だ。

当時、若手官僚だった小長さんは先輩の官僚たちがかわしていた議論をよく覚えている。

「日本の有力な学者の中には『重化学工業で欧米と伍して戦うなんて無理だから、むしろ繊維工業をはじめとする軽工業に特化するべきだ』と言う人もいました。そこを通産省は『それではだめだ。繊維産業が生み出す付加価値よりも重化学工業が生み出す付加価値のほうがはるかに大きい。繊維産業だけでは1億人近い膨大な人口を養えない』と主張して、重化学工業へと大きく舵をとったのです」

追い風となったのが1950年に勃発し1953年まで続いた朝鮮戦争だ。アメリカから大量の物資が買い付けられ、日本の重厚長大型産業が成長する起爆剤となった。小長さんは続ける。

「終戦直後は重化学工業も『日本を再び軍事国家にしてはいけない』ということでアメリカに制限されていた産業だったのです。ところが朝鮮戦争の前後から風向きが変わってきました。アメリカのためにもある程度の重化学工業は日本になくてはならないと」

その後、日本の自動車、鉄鋼、石油化学をはじめとする重化学工業は政府の支援のもと飛躍的に成長していく。

最初は正しいかどうかわからない中、推進した戦略が、時代の流れとマッチして「うまく当たった」というのが実情のようなのである。

アジアの国々の模範となった日本モデル

日本の「政府主導による経済復興システム」は、1970年代以降、アジア各国でも導入されていく。ところがその中にはうまくいった国といかなかった国がある。その理由は何なのか。

以下、ウェルズ教授の分析である。

インドネシアは日本モデルを導入しましたが、政府に権限が集中した結果、汚職や腐敗がはびこり、うまく機能しませんでした。授業で「日本の官僚の天下り制度も腐敗の一種ではないのか」と指摘した学生もいましたが、「国にとって悪い政策でも賄賂をもらったら実行する」というのとは、わけが違います。

インドは日本モデルの一部を取り入れましたが、断片的に導入したため、効果も限定的でした。日本との大きな違いは2つ。1つは、戦略を立てる機関と実行する機関が、表裏一体ではなかったこと。そのため国が立てた計画の遂行が思うように進みませんでした。もう1つは、国内企業同士が競争するように政府が主導できなかったこと。日本と同じように外国からの投資を制限し、国内産業を保護しましたが、激しい競争が起こらなかったため、企業の中で効率化が進まなかったのです。

シンガポールは、日本モデルをそのまま導入することができませんでした。国内市場が小さく、「企業同士を競争させて、効率化させて、成長させる」ことができなかったためです。シンガポールは、日本モデルの本質を理解した上で、自国の機関や市場にあった戦略を自ら立案し成功しました。

韓国は日本モデルを導入して最もうまくいった国ではありますが、汚職や政治的な腐敗の問題が足かせとなり、思うように成長できませんでした。

つまり日本の「政府主導による経済復興システム」を他の国にそのまま導入しても成功するとは限らないのである。国の成長戦略が成功するか否かは、その時代の国内要因、国外要因によるところが大きいからだ。

一般的に国を成長させるには、

①リソース（ヒト、モノ、カネ等の資源）を確保し、

②そのリソースを今後、リターンが見込める重点産業に集中的に分配し、

③その産業の中でさらに効率的にリソースを使う、

という3段階が必要となる。日本の場合は戦前からこの3つがうまくいく土壌が国内に整っていた。

またアメリカが日本に共産主義が台頭することを恐れて保護主義を容認したことや、朝鮮戦争が勃発し日本の重化学製品に対する需要が高まったこともプラスに働いた。

ウェルズ教授は「今なら、対米貿易で黒字を達成している国が、保護主義をとることをアメリカは許さないでしょう。それはアメリカと中国との間の貿易戦争を見てみれば明らかです」と語る。

松下電器の社歌に象徴される復興への情熱

ウェルズ教授は、国内要因、国外要因に加え、日本人の国民性も高度経済成長の原動力になったと分析している。特に日本人の４つの特性が経済成長に貢献したという。

１つめは高い倫理観をもっていること。２つめは国民が基本的には政府を信頼していること。３つめは教育水準が高いこと。そして４つめが地域、社会、国に対する責任感が強いこと。

当時の日本人の「国を再建したい」という思いには並々ならぬものがあった。教材では松下電器産業の初期の社歌が丸々引用されている。

【社歌】昭和21年6月制定[*4]

新日本の建設に　力を協《あわ》せ心を合せ
尽きざる生産　勤《いそ》しみ励み
世界の人に　我等は送らむ
泉の水のこんこんと　絶え間なく出づる如《ごとし》

産業振興 産業振興
和親一致の松下電器

ウェルズ教授は日本企業がいかに社員の忠誠心を高めていったかを伝えるために社歌を紹介したのだという。前出の小長さんは当時の様子をこう振り返る。

「とにかくひもじかったですから、切羽詰まった感じはありましたね。日本企業の経営者には『日本全体の底上げに自分たちが貢献するんだ』との思いが強くあったと思いますし、社員は『失業したら食べていけない』と必死でした。それに加えて多くの人々が戦争で家族や友人を亡くしていましたから、『その人たちのためにも何とかして国を再生させなくては』という思いもあったと思います。通産省でも『自分の同僚はどこどこ戦線で亡くなった。その分まで俺は通産省で頑張って日本を復興させるんだ』とおっしゃっていた先輩もいましたね」

企業の社員も、役人も、政治家も「この国を再建したい」という思いは同じだった。高度経済成長を支えたのは、まぎれもなく日本国民の情熱だったのである。

国の成長に必要なのは「ビジョン」

日本が実施した「政府主導による経済復興システム」をそのまま他の国に導入しても、うまくいかなかったのは前述のとおりである。

ではいったい、ハーバードは何をこの教材から学んでいるのか。そして、なぜこの教材がこれほど長くハーバードで使われてきたのだろうか。ウェルズ教授は言う。

「『企業と同じように国の成長にも戦略が必要だ』ということを学ぶことができるからです。日本の戦後の経済政策は、多くの国でモデルとされ、研究されてきましたが、戦略の観点から分析しているものは少ないと思います。この教材からは、『国の経済成長と政府の役割』という本質的なことを学ぶことができます。学生が『国はどのような過程を経て成長するのか』『国はどのように成長戦略を立案すべきか』『いかに自国の競争優位性を生かすべきか』を考えるときの基本として日本の事例は役立つのです」

ウェルズ教授が通産省の産業政策に注目したのも、通産省が「戦略」を立案していた機関だったからだ。なぜ通産省は成長戦略をつくる担い手となったのか。その背景を小長さんはこう説明する。

「戦後から1950年代初頭ぐらいまでは通産省（商工省）は『統制官庁』だったんです。当時、通産省の重要な役割は外貨の割当でした。それが自由経済に移行していくにつれて、その役割がどんどん小さくなっていき、権限がなくなっていったんです。そこで通産省は省として生き残れる道を必死で考えました。その結果、『ビジョン官庁』になることを選択したのです」

ビジョンとは「産業構造のビジョン」のこと。通産省は、1960年代には「重化学工業化」、1970年代には「知識集約化」、そして1980年代には「創造的知識集約化」を掲げ、国家戦略として推進していった。*5

つまり通産省は自らのアイデンティティーを模索する中で、国の成長戦略の立案者になることを決断した。これが結果的に日本の経済成長に重要な役割を果たしたことになる。

ウェルズ教授がかつて教えていたハーバードの授業では「何十年も昔につくられた日本の成長戦略と同じことを、今、他の国でもできるのか」「その一部を導入することができるのか」「日本の経済成長を主導した政府機関や制度は日本独自のものか」などをテーマに議論したという。

近年、この教材は、アベノミクスについて書かれた教材と一緒に教えられることも多くなってきた。というのも、「日本が、高度経済成長期の成功モデルを踏襲していることが、今日の経済停滞を招いていると思うか」というテーマでさらに議論することができるからだ。

ウェルズ教授は、「この教材に書いてある成功法は現代の日本には通用しない」という現実も知ってほしいという。

「今の官庁が、昔の官庁のやり方を踏襲してもうまくいきません。経済産業省が通産省時代の成功モデルを踏襲しても、時代に合わないのです。日本の官僚や政府関係者は、経済成長における政府の役割のあり方を今一度、模索していく必要があるでしょう」

『日本：奇跡の年月』は、ハーバードの学生だけではなく、私たち日本人にとっても日本の強みと課題を両方指し示す重要な教材なのである。

安藤百福とラーメンの国際化

ハーバードの学生に大人気のラーメン

世界の経営大学院の中でもハーバードは特に「歴史」に関する授業を大切にしてきた学校だ。1908年の創立以来、ずっと「歴史」が教えられているのも、どの時代にも通用する「リーダーシップの基本」を学生たちに身につけてもらいたいからだ。

現在、この伝統ある歴史部門を率いているのがジェフリー・ジョーンズ教授。ジョーンズ教授の人気授業「起業家精神とグローバル資本主義」では、毎回、歴史的に有名な起業家を取り上げ、その人生、スキル、世界への影響などを包括的に学んでいく。

この授業ではこれまで三菱グループの創業者、岩崎弥太郎の事例が定番として教えられてきたが、2019年秋、新たにラインナップに加わったのが、日清食品グループの創業者、安藤百福の事例である。

ジョーンズ教授は『安藤百福とラーメンの国際化』[*1]を日本人留学生とともに執筆した動機

を次のように語る。

「私はこれまで企業や製品のグローバル化の歴史について多くの教材を書いてきましたが、日本から世界へ急速に普及していったインスタントラーメンのグローバル化の過程は世界でも驚くべき事例であり、ずっと教材にしたいと思っていました。

また『日本が世界経済の発展にどのような役割を果たしてきたか』という観点から見ても、インスタントラーメンの事例は興味深いものです。インスタントラーメンは、世界の人々の食習慣まで変えてしまった食品です。世界でインスタントラーメンは『20世紀に日本が起こした最も重要なイノベーションの一つ』ともいわれています。このような偉大な発明をした安藤百福とはどういう起業家なのだろうか、と自然に興味をもち、教材にしたいと思ったのです」

「ラーメン」はハーバードの学生にとっても魅力あるテーマだ。

今、アメリカでは空前のラーメンブームが到来していて、新しいラーメン店が次々にオープンしている。ボストンとその近郊だけでも「らーめん山頭火」「夢を語れ」「鶴麺」など数え切れないほどのラーメン店があり、人気店の前には長い行列ができている。ハーバードの学生の中にもラーメンの虜になっている人もいる。

また、安藤百福の「モモフク」はアメリカ人の学生にとってなじみのある名前だ。というのも、今、アメリカでは有名シェフが創業した「モモフク」（Momofuku）というレストランチェーンが大人気となっているからだ。「モモフク」はラーメンをはじめ、様々な創作料理を提供するレストランを展開しているが、この名前は安藤百福にちなんで名付けられたものだという。

ジョーンズ教授は2019年秋の授業で早速『安藤百福とラーメンの国際化』を教材として採用。身近な食べ物「ラーメン」がテーマであることから学生はこの事例に強い興味をもち、熱心に議論していたという。

波乱の連続だった安藤百福の人生

授業で最初に議論するのは起業家、安藤百福の「成功と失敗」についてである。

安藤百福の人生（1910－2007）をあらためて振り返ってみよう。[*2]

0歳　当時日本の植民地だった台湾に生まれる。

22歳　台北に「東洋莫大小《メリヤス》」を創業し独立。
〈31歳　太平洋戦争勃発〉
31歳　メリヤス貿易を継続できなくなり断念。
32歳～　幻灯機の製造、軍用機用エンジンの部品製造、炭焼き、バラック住宅の製造など次々に事業を起こす。
軍用機用エンジンの部品製造工場で国から支給される資材を横流ししたと疑われ、憲兵隊に拘束され拷問を受ける。
〈35歳　太平洋戦争終結〉
36歳　製塩事業を始める。
38歳　病院用栄養食品「ビセイクル」開発。
脱税容疑でＧＨＱに逮捕され、巣鴨プリズンに収監（2年後、無罪釈放）。
41歳　信用組合理事長に就任。
47歳　信用組合倒産。
理事長としての責任を問われ、財産没収。無一文になる。
チキンラーメンの開発に着手。

48歳　チキンラーメン完成。販売開始。
59歳　商号を日清食品に変更。
61歳　カップヌードルの開発に着手。
63歳　カップヌードル完成。販売開始。
91歳　アメリカでカップヌードルの販売開始。
96歳　宇宙食ラーメンの開発に着手。
　　　永眠。

確かに、こうして見てみると安藤百福の人生は浮き沈みが激しく、波乱の連続だ。その一代記は物語として面白いことから、何度もドラマ化されている。最近ではＮＨＫ朝の連続テレビ小説『まんぷく』が記憶に新しい。

ジョーンズ教授は、この波乱万丈なところが学生にとっては学びになるのだという。「安藤百福の人生が魅力的なのは『大きな成功と大きな失敗』の両方を体験しているところです。彼の人生をふかんで見てみると、48歳でチキンラーメンを完成させるまでの前半は失敗の連続で、48歳から96歳までの後半は順風満帆です。人生の前半がほぼ失敗で、後半が成功。安藤百福を教材にすれば、『起業家が直面する成功と失敗』の両方を教えることができます」

まずジョーンズ教授が授業で学生に質問したのは「安藤百福は成功するまで、なぜこれほど多くの手痛い失敗を重ねなければならなかったのか」。

これに対して学生からは、「事業をはじめた時代と場所が悪かったからではないか」「『自分が何のために起業するのか』を模索していたからだろう」といった意見が相次いだという。ジョーンズ教授は続ける。

「彼の人生を見れば、起業家の成功と失敗には、その起業家が生きた時代のコンテクスト(文脈、環境)が大きく関わってくることがわかります。起業家としての才能やスキルに恵まれていても、素晴らしい事業プランがあっても、その起業家が生きた時代と場所が悪ければ、うまくいかないということなのです」

20代で日本のメリヤス製品を台湾で売る貿易商売をはじめて、財を成すが、太平洋戦争の勃発で貿易が継続できなくなり、断念。戦時下でも多くの事業を起こすが、国から支給される資材を横流ししたと疑われ憲兵隊に拘束される。戦後も栄養食品事業が軌道にのったと思ったらGHQから脱税容疑をかけられ、逮捕。まさに国と時代に翻弄された人生である。

「何のために起業するのか」を模索していた、というのも、そのとおりだろう。人生の前半は、メリヤス貿易からエンジンの部品製造まで、様々な事業に挑戦。その様相は今の言葉で言うならば「シリアル・アントレプレナー」だ。しかし47歳で無一文になったことを機に「食」で世のために尽くすことが自分の使命だと決意。その後はぶれることなく食品事業に邁進し、成功している。

安藤は自らの人生を次のように振り返っている。

振り返ると、私の人生は波乱の連続だった。両親の顔も知らず、独立独歩で生きてきた。数々の事業に手を染めたが、まさに七転び八起き、浮き沈みの激しい人生だった。成功の喜びに浸るまもなく、何度も失意の底に突き落とされた。しかし、そうした苦しい経験が、いざというときに常識を超える力を発揮させてくれた。即席めんの発明にたどりつくには、やはり48年間の人生が必要だった。[*3]

起業家の数々の失敗は成功するための過程である——このことを学生は安藤百福の事例から学ぶのだ。

時代のニーズを見逃さなかった眼力

48歳でチキンラーメンの発明に成功した安藤百福。その後は時代を味方につけて、起業家としての才能をフルに発揮していく。安藤の後半の人生はまさに成功の連続だ。

ジョーンズ教授は言う。

「日本の戦後の経済状況は、起業家にとっては大きなチャンスでした。日本人の所得はどんどん上がっていき、人々は『より便利なもの』を求めるようになりました。さらには、格好の宣伝メディアとなるテレビも急速に普及していきました。『少し高くても便利なもの』が売れる条件が整っていたのです。

安藤はこのチャンスを逃しませんでした。ラーメンの屋台には行列ができていて、アメリカから安い小麦粉も入ってくる。人々は早く食べられるものを求めている。テレビという強力なメディアも普及しつつある。こうした社会のトレンドを鋭く観察したからこそ、チキンラーメンを大ヒットさせることができたのです」

チキンラーメンで大成功をおさめた後は、カップヌードルの発明、世界進出を次々と成功させ、日清食品を大企業へと成長させていく。途中、チキンラーメンの模造品に悩まされたり、カップライス（カップヌードルのお米版）という商品で大失敗したりしたが、それらを上回る勢いで日清食品のラーメンは売れ続けた。

同じ時代、同じ経済環境の中で生きていても、それをチャンスとしてとらえられる人ととらえられない人がいる。安藤は巧みな起業戦略で、時代の要請に合った製品を発明し、成功したのだ。

起業家に欠かせないストーリーテリングの才能

さらにジョーンズ教授は安藤には偉大な起業家に共通する才能があったという。それがストーリーテリングの才能だ。

今でこそ、マーケティングにおいて「ストーリー」が大きな威力を発揮することは様々な研究結果から明らかになっているが、安藤は生まれながらにして、その力を知り尽くしていた。ジョーンズ教授はその能力を高く評価する。

「安藤は優れたストーリーテラーでした。彼は起業家として成功するためには、効果的なストーリーを伝えることが重要であることを直感的に理解していました。チキンラーメン、カップヌードルなど、彼が発明した商品には、必ずそれに付随したストーリーがあり、そのストーリーが普及に大きな影響をもたらしました。この伝統は今も日清食品グループに受け継がれています」

日清食品グループがいかにストーリーを大切にしているかを如実に示しているのが、横浜と大阪にある「カップヌードルミュージアム」だろう。たとえば「カップヌードルミュージアム　横浜」では、安藤百福の生涯を紹介する「百福シアター」や「安藤百福ヒストリー」といったコーナーが設けられ、さらにはチキンラーメンを発明した当時の研究小屋も忠実に再現されている。[*4]まさにストーリーテリングの拠点としての役割を担っているのだ。

ジョーンズ教授は起業家として成功するために、ストーリーテリングの才能は不可欠だという。

「スティーブ・ジョブズはそれを示す最たる例でしょう。特に消費財のマーケティングにおいては、『起業家がどういう思いでこの製品を完成させたか』『この製品はどのように世界を変えるか』といったストーリーは絶大な効果を発揮します。消費者がストーリーに共感すれば、喜んで商品を買ってくれるからです」

チキンラーメンの発売後、似たような商品がたくさん発売されたが、結局、最後に勝ったのはチキンラーメン。その大きな要因は、チキンラーメンにはそれを発明した安藤百福のストーリーがあったことである。

安藤は「インスタントラーメンは日本で発明され、世界に広まった商品である」というストーリーを語り続けた。本人は台湾生まれであるにもかかわらず、日本の手柄であることを強調したのだ。これが戦争に負け、ＧＨＱによる占領を経て、復興に一丸となって取り組んでいた日本人の心に響いたのは間違いない。チキンラーメンは「日本で発明された正統なインスタントラーメン」として認識され、その地位を確固たるものにしていく。

ラーメンを「スープ」として売り出す

安藤が優れていたのはストーリーテリングだけではなかった。「商品をどういうポジショニングで、どういうメッセージで売るか」というマーケティング戦略においても非凡な才能を発揮した。

安藤はテレビコマーシャルを効果的に使ったことでも有名だ。当時はまだメディアとしての力が未知数だったにもかかわらず、いち早くテレビ番組のスポンサーになりコマーシャルを制作した。

テレビＣＭでは初期のころから歌を効果的に使用。アニメーションの少年とキャラクターが楽しそうに踊っている白黒のCMにも「チキンラーメン」を連呼するキャッチーな歌がついている。1980年代には「すぐおいしい、すごくおいしい」というフレーズでおなじみのCMが放映開始。これらのCMは、インスタントラーメン＝食べると楽しくなるような食品、というイメージを刷り込むのに重要な役割を果たした。

この安藤のマーケティングの才能は、海外進出の際にもいかんなく発揮される。インスタントラーメンが驚くべき早さで世界に浸透していったのも、安藤が現地の人々の食文化を観察し、ニーズに合った商品を提供していったからである。

安藤は、世界市場でインスタントラーメンを売るには、日本と同じマーケティング戦略ではうまくいかないことを知っていた。1966年、「チキンラーメン」を世界に広めようと考えた安藤が、欧米へ視察旅行に出かけたときのこと。現地で訪れたスーパーマーケットの担当者たちは、「チキンラーメン」を小さく割って紙コップに入れ、お湯を注ぎフォークで食べはじめた。[*5] これを見た安藤は「インスタントラーメンを世界食にするための鍵は食習慣の違いを理解することだ」ということに気づく。

そこで、安藤は、日本では「麺製品」として販売されていたインスタントラーメンを、アメリカでは「スープ」として売り出すことにする。アメリカ人は日常的に麺を食べる習慣がないが、スープは飲む。だからインスタントラーメンはスープの一種だということを強調したのだ。

最初にアメリカで発売したのは袋麺の「トップラーメン」。次が「カップ・オ・ヌードル」だ。安藤はアメリカ進出にあたって日本のカップヌードルを徹底的にローカライズした。猫舌で、麺をすする習慣のないアメリカ人のために、麺の長さを短くし、スープも醤油味ではなく、ビーフ、チキンなど動物性スープに変えた。

1970年代から80年代にアメリカで放映されたCMを見てみると、子どもがスプーンでスープのように食べていたり、「普通のスープよりも美味しい」というキャッチフレーズを使っていたり、スープであることを強調していることがわかる。1980年、アメリカのニューヨーク州で開催されたレークプラシッドオリンピックでは「公式スープ」として認定され、CMにもフィギュアスケート選手のジョジョ・スターバックを起用している。

こうした戦略が大当たりし、1986年頃には、アメリカのインスタント麺市場の6割を日清食品の製品が占めることとなった。

ジョーンズ教授は、この「再定義」がアメリカで成功した大きな要因だという。

「1950年代、キッコーマンがアメリカで本格的に醤油を売り出したときも、同じようなマーケティング戦略が見られました。キッコーマンは、醤油を『日本食をつくるための調味料』ではなく、『ステーキに合うソース』として売り出しました。その宣伝スローガンは『肉にかけると美味しい』（Delicious on Meat）でした。

マクドナルドが日本に進出してきたときも同じです。マクドナルドはハンバーガーやフライドポテトを『いつでもどこでも食べられるおやつ』として売り出しました。すべての食品がこのようにうまくいくとは限らないですが、ポジショニングとマーケティングメッセージで成功したケースも多々あり、カップヌードルはその最たる例でしょう」

アメリカで成功したカップヌードルはその後、急速に世界へと広がっていく。

カップヌードルは現在80以上の国と地域で販売されているが、海外版は現地法人ごとに製造し、ローカライズされている。

まず麺の長さを地域ごとに変えている。アメリカ、ヨーロッパ、インドでは短め、麺を食べる習慣のあるタイでは長めの麺を採用。

スープも多種多様だ。シンガポール・フィリピン・香港・上海ではシーフード味、タイではトムヤムクン味、メキシコではチリ風味、インドではカレー味が人気[*6]だという。

ハーバードで議論する「ラーメンと健康」

ハーバードの授業「起業家精神とグローバル資本主義」で議論するのは、安藤百福の人生や起業家としての才能だけではない。現代の日清食品グループが抱える課題についても深く考えていく。

世界の人々の健康意識が高まる中、コカ・コーラやマクドナルドなどが提供する製品に対する風当たりは強まるばかり。特にアメリカの富裕層やエリート層は食品添加物が入っている食品や飲料を避ける傾向にある。大手食品・飲料メーカーが販売している製品に含まれる食品添加物が人間の体に悪影響をもたらすことが、数々のデータ、論文から明らかになっているからだ。

授業では、様々なグローバル企業の事例を挙げながら、「便利で美味しい食品」が環境や健康にもたらす弊害についても議論するという。

日清食品も世界中でビジネスを展開しているため、こうした健康問題を避けて通ることはできない。ジョーンズ教授は言う。

「安藤百福は、世界の人々の飢餓問題を解決するために、インスタントラーメンを発明しました。ところが、時代は変わり、健康問題や環境問題への意識が高まる中、食品業界が提供する『便利で美味しい食品』が本当に人々を幸せにするのかが問われています」

そこで、日清食品が直面するのが、「果たしてインスタントラーメンを有害な食品添加物を使わずに製造することができるのか」という問題だ。ジョーンズ教授は続ける。

「食品添加物を使わないでインスタントラーメンをつくる技術を開発するのか。あるいは、健康問題よりも貧困問題がより深刻な発展途上国で、積極的に販売していくのか。タバコ会社などは『先進国で売れなくなってきたら、発展途上国で売ればいい』と発展途上国でのマーケティングに注力していますが、それが本当に世界をよくすることにつながるのか。これはとても難しい問題なのです」

創業者はその時代の人々にとって役に立つと信じて、製品やサービスを生み出した。ところが時代を経るごとにそれが時代のニーズと合わなくなってきた。では後を継いだ現代の経営者はどのように社会に責任を負えばいいのか、どのように問題を解決していけばいいのか。この事例からは現代の経営者が負うべき責務についても深く学ぶことができるのだ。

日本企業の創業者が伝える「遅咲きの人生」

ジョーンズ教授の授業では今後も岩崎弥太郎と安藤百福を取り上げていく予定だという。あえてこの2人の起業家の人生を教える目的は何だろうか。

「私が授業で日本企業の創業者である岩崎弥太郎と安藤百福を取り上げているのは、彼らが中高年になってからでも十分成功できることを示すロールモデルであるからです。MBAプログラムの学生の中には、『卒業後、最初に就職した会社で成功しなければ、自分のキャリアは終わってしまう』と思っている人が少なくありません。こうした中、『仮に20代、30代で仕事がうまくいかなくても人生終わりではないよ』と伝えることは、教員としての重要な役割の一つだと思っています」

安藤百福は48歳になってから成功したが、岩崎弥太郎が成功したのもまた中高年になってからである。10代、20代のときはひたすら儒学や漢学に励み、33歳で明治維新を迎えてからは、本格的に商人の道を志す。その後は台湾出兵（39歳）、西南戦争（42歳）を巧みに利用して、ビジネスを拡大。巨万の富を得る。[*7]

ハーバードの学生は優等生であるがゆえに、これまであまり大きな失敗をしたことがない。ところが起業家の人生に失敗はつきものだし、多くの浮き沈みも経験する。そんなとき思い出してほしいのが、岩崎弥太郎や安藤百福の遅咲きの人生なのだ。

ジョーンズ教授は、歴史の長い日本が生み出した起業家から学べることはたくさんあるという。

「アメリカでは『日本からは優れた起業家が輩出していない』と思われていますが、日本は、伝統的に優れた起業家を生み出してきた国なのです。日本には、脈々と受け継がれてきた起業家精神があることを学生に知ってほしいと思います」

第3章

起業家精神

世界初「宇宙のごみ掃除」に挑むアストロスケール

人気職業となった「起業家」

かつてハーバードの学生に人気のある職業といえば「投資銀行家」や「経営コンサルタント」というのが定番だった。ところが最近では、「起業家」や「ベンチャー企業経営者」をめざす学生が急増。同校の起業家養成センターによれば、学生のおよそ50%が卒業後15年以内に起業する[*1]という。

こうした流れを受けて、ハーバードでは起業家精神を教える授業が多数開講されているが、中でも人気を集めているのが「アントレプレナー・ファイナンス」。ハーバードの2年生の約3割にあたる270人が履修している。この講座で取り上げられているのが、日本人起業家が創業したベンチャー企業、「アストロスケール」である。

アストロスケールは2013年、元大蔵官僚の岡《おか》田《だ》光信《みつのぶ》さんがシンガポールで創業。創業した目的は「宇宙のごみを掃除すること」だった。岡田さんはフォーブスジャパンが選定する「日本の起業家ランキング2019」で第1位[*2]に輝くなど、今や日本を代表する起業家だ。この日本人起業家にいち早く注目して、2016年に教材化したのがラマナ・ナンダ教授（Ramana Nanda）だった。

自ら教材『アストロスケールの資金調達[*3]』を執筆した動機をナンダ教授は次のように語る。

「私はずっと、講座の後半で宇宙事業に挑戦している企業の事例を教えたいと思っていました。近年、この分野には数多くのイノベーションが生まれていますし、新しいスタートアップ企業も次々に設立されています。その中で特にアストロスケールに魅かれたのは、他のスタートアップ企業とは一線を画す存在だったからです。宇宙観光、小惑星での資源採掘、ロケット打ち上げ、衛星打ち上げなどを事業とする企業はありましたが、『宇宙のごみを清掃する事業』で起業した事例は初めてでした」

ナンダ教授が教える「アントレプレナー・ファイナンス」は、その名のとおりスタートアップ企業の資金調達について学ぶ授業だ。学生が卒業後、起業家となり、「どの投資家、どの企業から、どのような条件で、いくら調達すればいいのか」を考えるときに役立つ知識やスキルを身につけていく。

講座の前半では、既存の枠組みの中で新規事業の創出に挑戦している企業、後半ではブロックチェーン（主にビットコインなどの暗号通貨に用いられている基幹技術）、ハイパーループ（超高速輸送システム）など全く新しい分野でビジネスを立ち上げようとしている企業の事例を取り上げる。

アストロスケールが登場するのは、後半。ナンダ教授は2016年からアストロスケールの事例を取り上げているが、とても評判がよいのだそうだ。なぜハーバードの学生は「宇宙の清掃会社」にこれほど興味をもつのだろうか。ナンダ教授はこう解説する。

「宇宙のごみが地球にとってこれほど大きな問題になっていることを知っている学生はほとんどいません。この問題について考えるだけでも面白い、という感想をよく聞きます。

またこの事例からは、社会課題解決型のスタートアップ企業が直面する問題も学ぶことができます。既存のビジネスの範囲内でも起業を成功させるのは難しいのに、アストロスケールは誰もやったことがない事業アイデアをもとに資金調達して、企業として成長していこうとしています。アストロスケール創業者の岡田光信さんは『最も難度が高い』課題を解決していくことを決断したのです」

実際に授業を受講した日本人留学生の窪寺悠さんは、同じ日本人として誇らしい気持ちになったという。

「授業を受けていた学生は『まさかそこにビジネス機会があるとは』と驚いていました。宇宙のごみを掃除するというのは、誰も思いつかないようなクリエイティブなアイデアです。しかもビジョンは壮大で、起業当初からグローバルに展開しているところに共感しました」

それにしてもなぜ岡田さんは「宇宙のごみを掃除する」という奇抜なアイデアを思いついたのだろうか。

誰もやりたがらなかった「宇宙のごみ掃除」

1973年、神戸市に生まれた岡田さんは、子どものころから宇宙が大好きな少年だった。宇宙飛行士になることを夢見て、高校1年生の夏には、アメリカ航空宇宙局（NASA）が主催するスペースキャンプに参加。そこで出会ったのがアラバマ州・マーシャル宇宙飛行センターで訓練中だった毛利衛さんだった。毛利さんは、「岡田光信君 宇宙は君達の活躍するところ 1988年8月7日 毛利衛」と手書きしたメッセージを渡してくれた。岡田さんはそのとき「いつか必ず宇宙に行く」と心に誓ったという。

そのまま宇宙飛行士をめざすのかと思いきや、岡田さんが東京大学農学部卒業後に選んだ職業は大蔵省の官僚だった。阪神・淡路大震災で実家が被災したことをきっかけに、政策を立案することによって日本をよくしたいと思ったからだ。その後、ＭＢＡ留学、マッキンゼー・アンド・カンパニーを経て、起業の世界へ。主にＩＴ系、家事代行系ビジネスの創業に携わった。

２０１３年、40歳の節目の年に、ずっと夢見ていた宇宙ビジネスに乗り出すことを決意する。選んだ事業は宇宙ごみ（スペースデブリ）の除去。国も企業もＮＡＳＡも誰も手をつけられなかった難しい問題だった。岡田さんは言う。

「スペースデブリ問題は国連などで30年以上も議論されてきました。なぜなら世界にとって喫緊の課題だからです。今、地上のインフラ、災害対応はほぼ宇宙に頼っているんです。もし宇宙にごみがあふれて、衛星が使えなくなると、インターネット、株式市場は全部とまるし、災害対応もできなくなる。世界中が大混乱に陥るのです」

スペースデブリには大きく分けて２つの種類がある。１つは役目を終えた衛星や壊れてしまったロケットの一部など、政府が責任を負うべきごみ。もう１つは民間の衛星通信事業者の故障衛星や運用終了衛星だ。本来は軌道から除去しないといけないのだが、そのまま放置された状況なのだという。

現在、地球の周りを2万3000個以上[*4]のスペースデブリが周回しているといわれているが、その数は増える一方だ。このままではケスラーシンドローム（デブリ同士や人工衛星とデブリとの衝突が爆発的に増える現象）が起こり、ロケットや衛星の打ち上げが困難になることが想定されている。

宇宙でロードサービスを提供する

岡田さんが最初にこの問題に興味をもったのは2013年。ドイツで開かれた「欧州宇宙デブリ会議」に何気なく参加したときのことだ。岡田さんは振り返る。

「高速道路で車が故障したらレッカー車を呼んで、車を移動してもらいますよね。そこにはトーイングという技術があって、JAF、AAAなどのロードサービスや保険というビジネスがあって、道路交通法というルールがあります。衛星にとっての高速道路は軌道なので、ここが混雑しているのであれば普通にロードサービスをつくらなきゃいけないな、と僕は思ったんです」

さらには誰もその事業を手がけていないのは、逆にチャンスだと思ったという。

「何てさわやかなブルーオーシャン（競争のない未開拓市場）だろうと。その後調べてみると世界の廃棄物管理会社はどこも利益率が高いことがわかり、これは芽があると思いました」

それにしてもこれほど重要な問題なのに、なぜこれまで誰も解決しようとしなかったのだろうか。それについてナンダ教授は次のように説明する。

「宇宙には『コモンズの悲劇』（誰でも自由に利用できる共有資源が、管理者が不在であるがゆえに、過剰に摂取され、資源の劣化が起こること）という現象が見られます。地球の国々から見れば、宇宙は共有地。そこにごみがたくさんあるからといって、清掃するためにどの国も企業もお金を支払いたがりません。それを営利の事業にしようとしているのが、アストロスケールなのです」

岡田さんは2013年、シンガポールでアストロスケールを創業。当初シンガポールに本社を置いたのは、宇宙ビジネスにおいて中立な立場の国の会社でないとこの問題は解決できないと思ったからだという。その後、日本、イギリス、アメリカに拠点を設立し、ビジネスを拡大していった。

資金調達も順調で、2015年にシリーズA（770万ドル）、2016年にシリーズB（3500万ドル）、2017年にシリーズC（2500万ドル）、2018~2019年にシリーズD（8000万ドル）の調達に成功している。

アストロスケールがめざしている事業は大きく分けて2つ。1つは故障した宇宙機、運用終了を迎えた宇宙機の除去サービス。潜在顧客は、民間の衛星運用者だ。もう1つが、すでに軌道上に存在しているデブリの除去サービス。国や宇宙機関などを顧客として想定している。

2020年には、デブリ除去技術を実証するための衛星、ELSA－d（エルサディー）の打ち上げを予定。現在、衛星の設計・開発に取り組んでいる真っ最中だ。

全日空、三菱地所などが長期的な視点から出資

ハーバードの「アントレプレナー・ファイナンス」でアストロスケールの事例を学ぶとき、学生が最も興味をもつのが「いったいどのように資金を調達したのか」という点だ。2016年に岡田さん自身が授業に招かれた際にも、かなり詳細な質問を受けたという。

この事業は地球にとって必要な素晴らしい事業だということは誰もが納得する。しかし最も大きな問題は、「誰が何のためにお金を出すの？」という点だ。いわゆる「コモンズの悲劇」は数十年、解決されないまま放置されている。

２０１３年の創業から２０２０年に至るまで、アストロスケールは売上を公開していない。にもかかわらず、前述のとおり順調に資金を調達している。主な出資企業はＩＮＣＪ、ジャフコ、三菱地所、ＡＮＡホールディングス、オーエスジーなど日本のファンドや企業だ。なぜアメリカのベンチャーキャピタルは出資をしていないのか。ナンダ教授がその背景を解説する。

「アメリカのベンチャー投資家の間では、新エネルギー、ロボット、宇宙事業、バイオテクノロジー、創薬などタフテック[*5]への投資を敬遠する傾向が強まっています。ＩＴ系のソフトウェア企業に投資すれば、たとえレーターステージであっても短期間でリターンを得ることができるのに、これらの分野への投資はリターンを得るのに10年以上もかかってしまう恐れがあるからです」

つまり長期的な視点から最初にアストロスケールに投資をしてくれたのは、日本のファンドや企業だったというわけだ。ナンダ教授は続ける。

「タフテック分野のスタートアップ企業の資金調達で重要な役割を担うのが、政府や公的機関です。アストロスケールもまた日本の政府系金融機関から一部、資金を調達しています。短期的な利益を追求せず、長期的な視点から投資をしてくれるのは、やはり公的機関であることが多いのです」

アストロスケールは２０１７年、創業4年目のときに大きな危機に見舞われる。世界初のスペースデブリ観測衛星「IDEA《イデア》 OSG1《オーエスジーワン》」の打ち上げが失敗に終わってしまったのだ。原因は衛星を積んだロシアのロケットの故障だった。ところがその後も出資したいという日本企業は増え続けた。岡田さんは言う。

「我々のような企業に投資をしたいという投資家は、宇宙事業に対するパッションがすごいんです。僕より熱く語る人もいるくらいですから。失敗についても、商社を使わずに打ち上げまで実現したことを評価してくれた人もいて、ありがたかったです」

長期的な視点で見れば、なぜアストロスケールの事業は大きなリターンが見込めるのだろうか。ナンダ教授はこう分析する。

「衛星を打ち上げたい事業者は増えるばかりですが、宇宙ごみがある限り、打ち上げられない。となると、誰がそのごみを除去するのか。今、具体的な解決策を提案しているのはアストロスケールを含めても数社でしょう。となるとアストロスケールがこの事業で大きなシェアを得られる可能性が高い。投資家は、『アストロスケールが数年後、宇宙ごみを回収する技術を確立してくれたら、大きなリターンが得られるだろう』と期待しながら、少しずつ出資しているのだと思います」

日本人起業家が教える「創業者の役割」

ナンダ教授の授業では、資金調達の方法だけではなく、起業家の役割についても学ぶ。

岡田さんが授業に参加したとき、学生から「ディープテック[*6]の分野で起業するとき、創業者はどういう役割を担うべきか」と質問されたという。この質問にどのように答えたのか。岡田さんは振り返る。

「CEOは技術、ビジネス、規制、すべての分野に精通していなければならない、と言いました。つまり『僕はエンジニア出身だから営業は別の専門家がやります』『僕はビジネス分野の専門家だから法律はわかりません』というのもだめなのです。アメリカのスタートアップ企業では通常、『専門家のチームをつくって経営しましょう』という話になりますが、それではうまくいかない、と伝えました。そこは彼らの考え方にインパクトを与えたんじゃないでしょうか」

ナンダ教授が注目するのは、岡田さんのリスクコントロール術。「いかにリスクとリターンに向き合っているか」「いかに効果的にリスクを軽減・回避しているか」といった点だ。

中でも、「最初から大事業を打ち立てず小さくはじめたこと」「技術者、科学者、政府関係者、企業関係者など優秀な人材を集めたチームをつくったこと」「本社をシンガポールに置き、国際政治的に中立な立場でビジネスを進めたこと」を高く評価している。

アストロスケールは2019年に本社をシンガポールから日本に移転。国連の宇宙空間平和利用委員会に日本が加盟していることなどを考慮し、総合的に決めたのだという。日本は宇宙事業においては中立的な立場だと見られていることもありビジネスを展開するのにも有利と判断。今後も日本を拠点に事業を進めていく予定だ。

2020年以降を見据え、すでに複数のプロジェクトが立ち上がっており、日本国内だけではなく海外からも出資をしたいという依頼が舞い込んでいる。順風満帆に見えるがリスクはないのだろうか。岡田さんは言う。

「技術、ビジネス、規制、それぞれの分野でリスクはありますが、これらは細かい課題に落とし込んでいって一つひとつ解決していくだけだと思っています。もしリスクがあるとすると、組織が大きくなってきたときも、今のような良いチームワークを維持できるかどうかという点です。今、アストロスケールでは100人の多国籍チームが4つの拠点で働いていますが、これが200人、300人と増えてくる。大きな組織を経営していくためには僕自身も刷新していかないといけない。そこは課題になってくると思います」

ハーバードでアストロスケールの事例を学んだ学生の中には、ＭＢＡ取得後、ベンチャーファンドから出資を得て、実際に宇宙関連事業で起業した学生もいる。日本発のベンチャー企業が世界に大きな影響を与えているのだ。

リクルートは「夢の実現装置」だ

リクルートの本質はドリームマシン

ハーバードの授業で日本のサービス企業が取り上げられる機会は少ない。製造業企業とは対照的に、これまでサービス企業が世界シェアの大半を占めたり、「アメリカの脅威」になったりした事例がほとんどないからである。

サービス企業のグローバル化はとても難しい。というのも、「文化の違い」「言語の違い」という大きな障壁が立ちはだかるからだ。ところが日本の国内市場が縮小していく中、サービス企業も海外進出なくして持続的成長を実現していくのが難しくなってきた。こうした中、海外企業の買収などによって、積極的にグローバル化を推進している企業も出てきている。日本を代表するサービス企業、リクルートホールディングス（以下、リクルート）もその一つだ。

このリクルートに注目したのが、サンドラ・サッチャー教授（Sandra J. Sucher）だ。

ハーバードで初めてリクルートの事例を教材にし、2018年、『グローバル化する日本のドリームマシン：株式会社リクルートホールディングス』[*1]を出版した。

サッチャー教授は教材化した動機を次のように語る。

「長らくハーバードで様々な企業事例を教えていますが、リクルートのような企業に出会ったのは初めてです。『リクルート事件』という大きなスキャンダルから見事に再生し、独自の理念を確立し、成長を続けている——このような企業は世界的に見ても稀です」

教材の執筆にあたってサッチャー教授は実際にリクルートの役員や社員を取材。その結果、リクルートの成長の原動力となっているのが、独自の人材育成方法であることに気づく。中でも次の3点において画期的だと感じたという。

1つめが、リクルートの経営陣や管理職は社員に仕事内容を指示したり、強制したりしないこと。

「会社の結論はこうだから、あなたはこういう仕事をしてください」とは言わない。「どのように世界の役に立ちたいか」「どんな社会問題を解決したいか」を社員に考えてもらい、そのためのリソースを提供する、というのがリクルートの人材育成方針だ。そのためリクルートの社員は、自分の仕事を自分で決めなければならない。

2つめが、社員の自律性を促すために、上司が部下に対して「質問形式」でコミュニケーションをとっていること。

人事面談では「なぜリクルートで働いているのか」を問いかけ、部下が問題に直面したときは「あなたは今、何をすべきだと思うか」と問いかける。自分の頭で考え、進んでリスクをとる社員を育成するために、あえて質問形式を使っているのだ。

3つめが、リクルートは社員の離職をネガティブに考えていないこと。

リクルートでは入社して6年半以上経つと、リクルートを卒業（退職）した後にキャリアアップするための支援金をもらう資格を得る。[*2]「社外でやりたいことが見つかったら、リクルートを卒業してぜひ実現してください。会社はそれを支援します」という方針を貫いているのだ。これによって良い意味での人材の流動性が生まれている。

リクルートの成長の源泉は「人材」だということを実感したサッチャー教授は、リクルートの教材のタイトルにドリームマシン（夢の実現装置）という言葉を使った。

「リクルートという会社の本質を伝えるにはどういう言葉がよいか、と考えたときに『ドリームマシン』という言葉が浮かびました。クライアント企業と消費者をマッチングするプラットフォームを提供し、双方の夢を実現する手助けをする。さらには、社員が個人の夢を実現する手助けをする。リクルートに関係するすべての人々の夢を実現する場所という意味をこめて『ドリームマシン』とつけました」

日本発の「ドリームマシン」が世界を席巻することができるのかが注目されているのである。

大企業なのに起業家精神を失わない理由

リクルートの教材が出版された後、すぐに興味を示したのが、シカール・ゴーシュ教授（Shikhar Ghosh）だった。ゴーシュ教授は起業家養成センター「ロックセンター」の共同センター長。ボストンコンサルティンググループにてパートナーとして活躍した後、1988年、起業家に転身。インターネットマーケティング企業、オンラインショッピング企業など8社のＩＴ企業のトップを務めたアメリカでも有数の起業家だ。

ゴーシュ教授は起業家精神を教える授業で日本企業の事例を取り上げたいと思っていて、ちょうど探していたところだったという。ゴーシュ教授は言う。

「私たちは、起業家精神を教える上で、常に学生に刺激を与える先進的な事例を紹介したいと思っています。リクルートの事例は『日本企業から起業家精神を学ぶ』事例ですから、それだけでも新しい。シリコンバレーのスタートアップ企業とは全く違った事例なのです」

ゴーシュ教授が注目したのも、リクルートが独自に開発した人事システムだった。

「リクルートの教材は主にグローバル化の過程に焦点を当てていますが、私が最初にこのケースを読んだとき何よりも興味をもったのが、リクルートの人的資本管理システムです。スタートアップ企業が創業後、規模を拡大していく中で、大きな課題となってくるのが人的資本管理です。通常、大企業になればなるほど、創業時の起業家精神は薄まっていくものですが、リクルートはそれを維持しながら拡大することに成功しています。その基盤となっているのがリクルートが独自に開発した人的資本管理システムです」

ゴーシュ教授は2018年、早速、MBAプログラムの選択授業「ファウンダーズ・ジャーニー（創業者の道のり）」でリクルートの事例を教えることにした。リクルートがハーバードの教材になったと聞くと、多くの日本人は「リクルート事件を題材に倫理を学ぶのか」と思うが、ゴーシュ教授の授業ではむしろ「リクルート事件後」の成長に主眼が置かれている。

この授業では、起業家が直面する問題を「創業→規模拡大→エグジット」という3つのフェーズに分けて学んでいく。リクルートの事例は、「規模拡大」を学ぶ回で取り上げ、次のようなテーマで議論したという。

「あなたの会社は創業から成長を続け、規模も拡大してきた。社内では起業家精神が少しずつ薄れつつある。こうした中、社員に新たな挑戦をしてもらうには、どのような人事システムを導入するのがよいか」

企業は大企業になればなるほど、官僚主義に陥る。どんなベンチャー企業でも成長すれば必ずといっていいほど大企業病にかかる。そうならないためにはどのような仕組みが必要なのかをリクルートの事例をもとに議論していくのだ。

「個の尊重」に大きな影響を与えたドラッカー

ハーバードの教授陣が革新的だというリクルートの人的資本管理システムは、どのような経緯で生まれたのだろうか。

リクルートは1960年創業。東京大学を卒業したばかりの江副浩正が、学生時代のアルバイト経験をもとに大学新聞広告社を創業したのがはじまりだ。

創業期、江副浩正は経営の三原則を次のように定めている。[*3]

①社会への貢献

②個人の尊重

③商業的合理性の追求

これらの原則をつくるのに大きな影響を与えたのが、世界的な経営学者のピーター・ドラッカーだった。大学卒業後すぐに社長になった江副には、自らの師となるような経営者がいなかった。会社の設立も書店で『株式会社の作り方』という本を買ってきて、自ら行ったほどだ。そのため経営の基本についても、書中の師であるドラッカーから学ぶしかなかったのである。

ドラッカーはマネジメントの3つの役割の一つとして「仕事を通じて働く人たちを生かすこと」[*4]を挙げている。ドラッカーは企業にとって「人こそ最大の資産」[*5]であり「組織とは、個としての人間一人ひとりに対して、また社会を構成する一人ひとりの人間に対して、何らかの貢献を行わせ、自己実現させるための手段である」[*6]と定義している。

江副が提唱した「社員皆経営者主義」や「社員の卒業（退職）を盛大に祝う文化」も、ドラッカーの理論から影響を受けていることがうかがえる。

ドラッカーに加えて江副の経営理念に直接的な影響を与えたのが、高度経済成長期を代表する日本人経営者だった。江副は自ら創刊した雑誌「月刊リクルート」や「リクルートブック」において、経営者のインタビュアーを務め、彼らから経営の本質を学んでいったのである。

たとえば、江副がソニーの創業者の一人、盛田昭夫に「学生に伝えたいこと」を聞くと、こう答えたという。

「そうだな、『ソニーは人を生かす』と書いてほしいな。僕はソニーに入ってきた人を必ず幸せにする」[*7]

ホンダの創業者、本田宗一郎はこう答えた。

「ホンダのために働きたいという人には来てほしくない。来てほしいのは、自分のために働きたいという気持ちを抱いている若者です」[*8]

こうした経営者から刺激を受けた江副は「人を生かす」経営を実践していく。

「人が最大の資産であること」「社員に権限をもたせ、主体的に働いてもらうことが組織の強化、繁栄につながること」はどの経営者も同意するだろう。ところがそれを実行に移せる人は少ない。本や経営者から学んだ経営の本質をそのまま実践してみせたのが江副浩正であり、リクルートなのである。

ダイエー傘下時代の学びをグローバル化に生かす

リクルートは「人の力」を原動力に日本の情報サービス業界に次々にイノベーションを起こしていく。1960年代から一貫して「個人」と「企業」をつなぐ革新的なサービスを提供。そのビジネスモデルは「リボンモデル」といわれる。このリボンモデルは、今、グーグルやフェイスブックなどがオンライン上で展開している「プラットフォームビジネス」の先駆けともいえるものだ。

就職情報からはじまり、1970年代には住宅、進学、1980年代には旅行、車、求人、1990年代にはウェディング、習い事などをテーマとした広告雑誌を次々に創刊。1988年のリクルート事件と1990年代前半のバブル崩壊で一時は存亡の危機に見舞われたが、若手社員が中心になって会社の再生に成功する。

2000年代に入ってからはデジタル化を加速。オンライン上でユーザーとクライアントをマッチングするビジネスを推進していく。2010年代以降は本格的にグローバル化に着手。海外企業を次々に買収し、積極的に世界市場に進出している。2010年にはCSIカンパニーズ、2012年にはインディード、2015年にはトリートウェル、2018年にはグラスドア*9を傘下におさめた。

ハーバードのゴーシュ教授の授業で議論が白熱したのは、外国で買収した企業に対しても自社と同じシステムや企業文化を導入すべきかどうか、という点だった。

リクルートは買収した企業の自主性を尊重し、問題がない限り経営や企業文化には干渉しない、という方針をとっている。つまり日本で成功した人事システムや企業文化を、買収した企業に強制していないのだ。これに対し、「リクルートの人事・組織システムや企業文化は、日本企業特有のものではないし、欧米の企業でも十分成果を発揮するはずだ」と異論を述べた学生もいたという。

ではなぜリクルートはこのような買収方針をとっているのだろうか。サッチャー教授が質問したところリクルートの峰岸《みねぎし》真澄《ますみ》社長は次のように答えたという。

「リクルートの経営陣は、リクルートの企業文化を買収した企業に強制することが、必ずしもその会社の業績を効率的に上げることにつながらないと考えています。その企業の成長の原動力であった文化や慣習さえも潰してしまいかねないからです。それに他社・他国の文化を強制されると、社員のモチベーションは低下しますから、結果的に持続的な成長にはつながりません」[*10]

リクルートに買収された企業は、社名、ブランド、従業員、人事制度をそのまま維持することができる。リクルートが注視するのは収益性のみ。具体的な数値目標をあげ、それが達成できないと日本から人が送り込まれることもあるという。峰岸社長は続ける。

「このような方針をとっているのは、私たちにも買収された経験があるからです。1992年、リクルートはダイエーの傘下に入ります。ダイエーはビジネスモデルも企業文化も、リクルートとは全く異なる会社です。にもかかわらず、ダイエーの中内㓛社長（当時）は、リクルートの自主性を尊重してくれました。それがその後のリクルートの成長につながっています」[*11]

前述のとおり1988年のリクルート事件、1990年代前半のバブル崩壊の影響で、リクルートは1兆4000億円もの借金を背負うことになった。[*12] 江副浩正の持ち株はダイエーに買い取られ、リクルートはダイエー傘下で再生していくこととなる。

巨額の借金を一体どのように返済していったのか。そのときとった手法は、リクルートの「人を生かす」企業文化を維持しながら、現実的な数値目標をコツコツと達成していくことだった。リクルートは10数年かけて見事に借金を返済。このときの経験が現在の海外買収戦略に生かされているのだ。

優良企業を買収できる秘訣は「自主性の尊重」

この独自の手法は結果的に海外の優良企業を買収する際にプラスに働くことにもなった。というのも、スタートアップ企業の中には自らの従業員や企業文化をそのまま維持したい、という会社もあるからだ。実際に買収された側の経営陣にインタビューしたサッチャー教授は言う。

「買収された企業のトップに『なぜ売却先としてリクルートを選んだのですか』と直接聞いたところ、全員が『自主性の尊重』を挙げました。『リクルートは私たちの会社の組織能力や潜在能力を信じてくれていて、数値目標を達成している限り自由に経営させてくれる』と。他の売却先候補は、そのようなコミットメントをしてくれなかったそうです」

サッチャー教授は続ける。

「さらに『リクルートのもつ知識や技術を学びたい』という経営者もいました。リクルートが買収した企業の一つ、トリートウェルの創業者は、『リクルートから学ぶべきことがたくさんある。テクノロジーと組織能力の観点から見ても、リクルートは我々よりもはるかに進んでいる』と言っていました」

自主性の尊重とテクノロジー。この２つが魅力となり、欧米企業やファンドよりも日本企業のリクルートに買収されることを選んだのだ。

リクルートが象徴する日本の強み

いまだ終身雇用制を採用している企業が多い日本において、リクルートは「典型的な日本企業ではない」と見られている。リクルートの社員の平均勤続年数は６年、平均年齢は37・7歳、平均年収は９６２万円。[*13] 前述のように、「夢を実現するための卒業」も奨励されている。

ところがサッチャー教授は、このユニークな人事制度の根底に流れているのは、日本的な「社員への思いやり」であると分析する。

「多くの日本企業の社是には社会貢献があります。『社員を思いやる、社会を思いやることこそが企業の使命である』という考え方が根幹にあります。それはリクルートも同じです。しかし、一般的な日本企業との違いは、『個人の幸せ』を追求するために会社は何をすればいいのかについてもう少し踏み込んで考えていることです」

現在、リクルートが大切にしている価値観として掲げているのは「新しい価値の創造」「個の尊重」「社会への貢献」。創業者の思いを受け継ぎ、「個の尊重」を掲げている点が他の日本企業とは大きく異なるところだが、社員の幸せを考えて人事制度をつくっている点では、他の日本企業と共通しているという。サッチャー教授は続ける。

「『リクルートにいる間は存分にスキルを磨いてください。社外で起業したかったら、会社はその夢を実現できるように応援します』という人事制度は、とても人間的で思いやりのある制度だと思います。なぜならこのシステムは、人間の選択の自由を尊重しているからです。『就職した会社で思うように活躍できない』『会社の風土に合わない』と感じている人にとって、必ずしも同じ会社で働き続けることが幸せであるとは限りません」

次にサッチャー教授が「日本的」だと思ったのは、リクルートが「学習する組織」である点だ。

「私はハーバードでこれまで多くの日本人学生を教えてきましたが、日本人学生に共通しているのは、物事について深く考える習慣があり、思考プロセスを説明するのがとてもうまいことです。日本人には多層的かつ独創的に考える特性があるのではないか、と感じています。この特性が、多くの日本企業が『学習する組織』であることにつながっていると思います」

リクルートを世界的なサービス企業へと成長させている仕組みを深く突き詰めていくと、「日本」にたどりつくということなのだ。

トヨタ生産方式と同じくらい革新的な人事システム

２０１９年夏、リクルートの子会社であるリクルートキャリアが、学生の同意を得ずに内定辞退率を企業に販売していた問題は日本国内に大きな波紋を広げた。ゴーシュ教授は、リクルートが「起業家精神を大切にしている大企業」であるがゆえに課題も抱えていると分析する。

「リクルートには『自主性を重んじた社風』があり、社員は『自分がどうしたいか』を考えて行動します。それゆえ、内部統制が行き届かないというスタートアップ企業と同じジレンマを抱えているのです。リクルートにとっての課題は中央集権と現場分権のバランスをとることですが、これはとても難しいことだと理解しています」

しかし、リクルートにはこうした経験から学ぶ能力があるとゴーシュ教授は言う。

「リクルートはリクルート事件の後、世間から厳しい目で見られることになりました。通常このような国を揺るがすスキャンダルを起こすと、会社を存続させるのが難しくなるのですが、リクルートはこの経験から多くを学び、今日に至っています」

サッチャー教授もリクルートには失敗から学習する文化があるという。

「今のリクルートには、企業再生に成功したという自信と、何事も学び続けなくてはならないという謙虚さが共存していると思います。自信と謙虚さは、企業にとっては強力な力となります。自信は大きく考えることにつながり、謙虚さは学び続けることにつながるからです」

つまりリクルートは課題を抱えながらも、失敗から学習し、その学びを必ずや社会のために生かしてくれるだろう、というのがハーバードの見方なのだ。

ゴーシュ教授は、今後、エグゼクティブ講座でリクルートの事例を取り上げる予定だ。

ゴーシュ教授は言う。

「リクルートの事例は、『社員の能力を開発することに主眼を置いた革新的な人事システム』として紹介します。またグローバル化の過程で、本社の文化やプロセスを、他国のグループ企業に移管するかどうかを議論するための題材としても活用したいと思います。おそらくエグゼクティブ講座を受講している大企業の役員も『こんな人事制度はありえない』と驚くと思います。伝統的な金融機関などで働いている人たちであればなおさらでしょう。

私にとってリクルートの人的資本管理システムは、トヨタ生産方式と同じぐらい、画期的なものです。ですから今後もエグゼクティブ講座を中心に教えていきたいと思っています」

第4章

戦略・マーケティング

なぜＡＫＢ48はアジアに進出したのか

コンマリとすきやばし次郎に興味津々

ハーバードで人気のある日本のテレビ番組は何だろうか。学部生が通うハーバード・カレッジでは『ドラゴンボール』や『ＮＡＲＵＴＯ』などアニメーション番組が相変わらず人気を集めていたが、経営大学院では『KonMari ～人生がときめく片づけの魔法～』『二郎は鮨の夢を見る』などの実写番組が話題になっていた。いずれもネットフリックスで配信されている作品だ。

『KonMari ～人生がときめく片づけの魔法～』は片づけコンサルタントの近藤麻理恵さんが、アメリカ人家族の家を訪問し、片づけを指導する番組。日本でよく放送されていた番組のアメリカ版だ。日本人留学生の髙田愛美さんは「この番組はハーバードでも特に女性に人気で、コンマリという言葉は『I have to konmari my house』など、『片づける』を意味する動詞として使われていますね」と語る。

『二郎は鮨の夢を見る』は東京・銀座の有名すし店「すきやばし次郎」の店主、小野二郎さんとその長男の禎一さんに密着したドキュメンタリー。日本食が好きなアジア系の学生が特に興味をもって見ていた。

今の学生の話を聞いていると、他国の文化を何の抵抗もなく受け入れていることに気づく。『二郎は鮨の夢を見る』は全編日本語（英語字幕）だし、『KonMari～人生がときめく片づけの魔法～』に出演している近藤麻理恵さんもほとんど日本語で話している（英語字幕と通訳の併用）。日本人が日本語で話す番組を違和感なく受容することができるのは、デジタル世代ならではの特性だろう。

日本政府はクールジャパン政策を推進し、日本のエンターテインメントを積極的に海外に売り出そうとしているが、これまでハーバードの授業で取り上げられてきたのはゲーム会社やアニメーション会社の事例ばかり。日本のアーティストや音楽関連会社が教材になったことはなかった。

こうした中、日本のアイドルグループのグローバル戦略に興味をもち、教材『AKB48のグローバル展開』[*1]を執筆したのがファン・アルカーセル教授（Juan Alcácer）だ。これまで様々な授業で、通信企業、航空企業、半導体メーカー、自動車メーカーなどの事例を教えてきたが、ずっと食品、エンターテインメント、ファッションなど文化に関わる製品の事例を探していたという。執筆のきっかけは、アルカーセル教授の授業を受講していた日本人学生とタイ人学生がＡＫＢ48グループの海外進出についてレポートを書いたことだった。アルカーセル教授は振り返る。

「私は日本のエンターテインメント業界についてもＡＫＢ48についてもほぼ何も知りませんでしたが、これは面白い教材になると確信しました。そこで、彼らに協力してもらって、正式な教材にしようと思ったのです」

なぜ最初にインドネシアを狙ったか

現在、ＡＫＢ48グループの事例はＭＢＡプログラムの選択科目「国際競争戦略」で取り上げられている。授業では、「もしＡＫＢ48のビジネスモデルを海外で展開するなら、まずはどの国に進出するのがよいか」について議論する。

日本のエンターテインメントの歴史を振り返ってみると、日本人アーティストが世界へ進出する際、「まずはアメリカ市場を狙う」というのが定石だった。アメリカでレコードや

CDを本格的に売り出したアーティストといえば、坂本九、イエロー・マジック・オーケストラ（YMO）、ピンク・レディー、松田聖子、最近では宇多田ヒカル、BABYMETALなどが浮かぶが、ビルボードチャートで1位を獲得し、全米で社会現象になるぐらい売れたのは坂本九の『SUKIYAKI』だけだ。アメリカ市場で日本のアーティストの音楽は、アニメと同じように「コアファンに支持されるマニアックなジャンル」に分類されるだろう。

一方、AKB48グループはアメリカ市場ではなく、まずはアジア市場を狙うことにした。AKB48は2009年にニューヨーク公演[*2]を行っていて、アメリカ市場をめざした時期もあったといわれているが、おそらく最終的には「アメリカで展開しても効果は限定的」と判断したのだろう。

この最初にアジアを狙った戦略について、アルカーセル教授は「経済学の理論から見ても正しい戦略だった」と言う。

二国間の貿易額の大きさを考える際、よく使われているのが次の重力方程式だ[*3]。もともとはノーベル経済学賞を受賞したオランダの経済学者、ヤン・ティンバーゲンが提唱したものだ。この方程式によれば二国間の貿易は二国間の経済規模の掛け算に比例し、二国間の距離に反比例する。つまり国同士の距離が遠いほど、貿易額は少なくなることになる。

$$X_{ij}=A\frac{Y_i^{\alpha}Y_j^{\beta}}{D_{ij}^{\gamma}}$$

※X_{ij}はI国とJ国、二国間の貿易額の総額、Y_i、Y_jはそれぞれの国の経済規模（通常はGDP）、D_{ij}は距離、Aは定数、α、β、γは、弾力性

たとえば、2018年の日本の貿易相手国のトップ10は、中国、アメリカ、韓国、台湾、オーストラリア、タイ、ドイツ、サウジアラビア、ベトナム、インドネシア。貿易総額の51％をアジアの国が占めている。[*4] これはまさに国同士の距離が近いからである。

国や企業が外国に進出する際、物理的な距離だけではなく、他の隔たりも考慮する必要があると提唱する学者もいる。

スペインのIESEビジネススクールのパンカジ・ゲマワット名誉教授は、Dには次の4つの種類があると指摘している。[*5]

- 文化的差異＝Cultural Distance

- 制度的差異＝Administrative Distance
- 地理的差異＝Geographical Distance
- 経済的差異＝Economic Distance

ゲマワット教授はこれらを総称して「CAGE」（ケージ）と呼ぶ。ハーバードのアルカーセル教授の授業でも、この「CAGE」に基づいて、AKB48のグローバル進出戦略を考えていく。アルカーセル教授は言う。

「海外進出において必要なのは『コンテクスチュアル・インテリジェンス』、つまり、多様な文化的コンテキストを理解し、適応する能力です。相手国では、資本、情報、人々がどのように行き交っているのかに注目し、自国との差異を理解した上で、どうビジネスを展開していくかを考えなければなりません」

ゲマワット教授の理論に基づけば、CAGE（文化、制度、地理、経済）の差異が小さければ小さいほど、進出した国で成功する確率は高まることになる。アメリカ企業にとっては中国に進出するよりもカナダやメキシコに進出したほうが有利。またイギリス企業がアメリカで成功する確率が高いのは、G＝地理的差異が大きくとも、他の3つ（C、A、E）が比較的小さいからだ。グーグルがロシアと中国で苦戦しているのは、地理的差異（G）だけではなく、他の3つ（C、A、E）においても隔たりが大きいからだ。[*6]

経済理論に合致していたグローバル化戦略

現在、AKB48の海外姉妹グループは、JKT48（ジャカルタ）、BNK48（バンコク）、MNL48（マニラ）、AKB48 Team SH（上海）、AKB48 Team TP（台北）、SGO48（ホーチミン）、CGM48（チェンマイ）、DEL48（デリー）の8グループ。[*7] 結成順に並べると次のようになる。

2011年11月　インドネシア（ジャカルタ）　JKT48
2017年2月　タイ（バンコク）　BNK48
2018年4月　フィリピン（マニラ）　MNL48
2018年8月　中国（上海）　AKB48 Team SH
2018年8月　台湾（台北）　AKB48 Team TP
2018年11月　ベトナム（ホーチミン）　SGO48

2019年10月　タイ（チェンマイ）　CGM48
2019年12月　インド（デリー）　DEL48

この8グループのうち、最も大きな成功をおさめているといわれているのが、最初に結成されたJKT48だ。

なぜ最初にインドネシアに進出したのか。その理由を、AKB48の生みの親である秋元康さんは次のように語っている。

「最初から決めていたわけではなく、幾つかの国から話があった中で、今の運営パートナーから特に熱心に誘ってもらったことがきっかけです。人口2・5億人というインドネシアのパワー、人口の70%が40歳以下という若い人たちの国というのが興味深かった。これからアジアの中心になっていくと感じました[*8]」

AKB48グループのグローバル展開において、現地のリサーチやマネタイズを担当しているのが大手広告代理店の電通だ。アルカーセル教授によれば、電通はどの国に進出するかを判断するための必要な情報を提供するのに貢献しているものの、インドネシアへの進出を決断したのは秋元さんの直感によるところが大きかったのではないかという。

つまり、「どの国に進出するかを理論や市場データから導き出して決めたわけではないが、結果的に経済学の理論にも合致していた」というのがＡＫＢ48の事例なのである。

「価値創造」と「価値獲得」に成功したシャンパン

アルカーセル教授がこの事例に興味をもったのは、食品、エンターテインメント、ファッションなど、文化に関わる製品やサービスを外国に売るのは特に難しいといわれているからだ。アルカーセル教授は言う。

「ある特定の国の固有の文化から生まれた産物を外国へ売るというのは、自動車や航空機とは違って、非常にハードルが高いのです。文化に関わる製品は『価値創造』と『価値獲得』という2つのステップを実現するのが難しいからです」

「価値創造」（Create Value）とは、進出先の国の人々が魅力的に思ってくれるような製品やサービスを提供すること、「価値獲得」（Capture Value）とは、創造した価値から企業が利益を得ることを意味する。「価値創造」と「価値獲得」という2つのステップを経て、初めて海外進出は成功する。現地の人々に受け入れられたとしても、現地の関連企業ばかりが儲けては元も子もない。進出元の企業に利益が還元されるような仕組み＝「価値獲得」の仕組みをつくらなくてはならないのだ。

アルカーセル教授によれば、進出した国で「価値創造」には成功したのに、「価値獲得」に至らないというケースが多々見られるのだという。代表的な事例がドイツ・ミュンヘンのビール祭り、「オクトーバーフェスト」だ。

「オクトーバーフェスト」は1810年にミュンヘンではじまったビールの祭典。毎年9月半ばから10月上旬にミュンヘンで開催され、世界中から約600万人もの人たちが来場する。[*9]

「オクトーバーフェスト」はただビールメーカーがビールを飲む場を提供するだけのイベントではない。参加者はドイツ人のような衣装を着て、ドイツ語で『乾杯の歌』を歌い、ドイツの料理を食べる。言ってみればドイツの文化を丸ごと体験できるお祭りなのだ。

近年、この「オクトーバーフェスト」はアメリカ、中国、インド、ブラジルなど世界各地で開催されており、そのイベントの数は増える一方。日本でも東京、横浜、仙台、金沢、福岡など全国各地で開催されている。つまり「オクトーバーフェスト」は「価値創造」においては大成功をおさめているのである。

ところが「価値獲得」についてはどうだろうか。オリジナルの「オクトーバーフェスト」

を運営しているミュンヘン市や関連団体には、何の利益も還元されていないという。ミュンヘン市は「新しい形の屋外イベント」という価値を創造し、世界的なイベントに育ててきたのに、そこから儲けを得ていないのだ。利益を得ているのは、参加しているビール会社やソーセージ会社などだけだ。

一方、長い時間をかけて「価値創造」と「価値獲得」の両方に成功したといわれているのがフランスのシャンパンだ。スパークリングワインの中でも、「シャンパン」と呼んでいいのは、フランスのシャンパーニュ地方で所定の製法に従って生産されたもののみ。スペインでは「カバ」、イタリアでは「プロセッコ」となる。モエ・エ・シャンドン、クリュッグ、ヴーヴ・クリコなどのメーカーは、法律と伝統をうまく利用することによって、シャンパンブランドの価値を向上させ、プレミアム商品として高い値段で世界に売ることに成功した。その利益はもちろんシャンパーニュ地方の企業に還元されている。

アルカーセル教授によれば、ＡＫＢ48の海外展開もまた「価値創造」と「価値獲得」の両方を実現している事例だという。

ＡＫＢ48は「体験型エンターテインメント」

ＡＫＢ48の海外姉妹グループは、どのような新しい価値をアジアにもたらしたのだろうか。アルカーセル教授はこう説明する。

「ＡＫＢ48のビジネスモデルがユニークなのは、『体験型エンターテインメント』の要素が強いことです。これが他国の人々にとっては新鮮で魅力的なのです」

ＡＫＢ48のコンセプトは「会いに行けるアイドル」。劇場に行けばかなりの至近距離で見ることができるし、ＣＤを購入して握手券を手に入れれば、直接握手もできる。世界的に見てもこのようなアイドルは珍しいのだという。

これに加えて「メンバー同士を競争させる」という要素がこのグループに大きな付加価値をもたらしているという。

人前で「闘い」を見せるというのは、昔からある究極のエンターテインメント。古代ローマ時代、市民が権力者に求めたのは「パンとサーカス」＝食料と娯楽だった。この時代の娯楽といえば、戦車競技場での戦車競走や、円形闘技場での剣闘士試合。つまり「闘い」のことだ。

また世界的な人気ドラマ『ゲーム・オブ・スローンズ』も主要登場人物同士の命がけの争いが見どころとなっている。毎回、必ずと言ってよいほど戦闘シーンが挿入されているし、最終章の第3話は1時間22分、ほぼ全編、闘いのシーンで構成されている。アルカーセル教授は続ける。

「人と人が争うのを見たい、誰が勝ち残るのかを見たい、というのは人間の普遍的な欲求だと思います。ＡＫＢ48の運営会社はその心理をうまく利用したといえます。しかも『ゲーム・オブ・スローンズ』との違いは、ＣＤを購入すれば、その競争に自分も参加できることです。つまり彼女たちの物語を形作る一員になれる。この仕組みがさらに体験型エンターテインメントの要素を強めています」

韓国のアイドルグループとは異なるビジネスモデル

一方、「価値獲得」についてはどうだろうか。ＪＫＴ48の事例で見てみよう。現在、ＪＫＴ48の運営を担っているのは、電通メディアグループインドネシア（Dentsu Media Group Indonesia）。ここを拠点に電通とＡＫＢ48の運営会社など日本側に利益が還元される仕組みはできている。

とはいうものの課題はある。チーム公演のチケット料金は1人12万ルピア（約1000円）。小学生から高校生、女性の料金はわずか6万ルピア[*10]（約500円）。

劇場のキャパシティーは330人ほどだから、チケット収入だけでは十分にマネタイズできていないことがうかがえる。アルカーセル教授はこうした課題について次のように説明する。

「AKB48グループは『直接会いに行ける』『至近距離で見られる』ことを売りにしていますから、韓国のアイドルグループ、BTS（防弾少年団）のように、世界中の巨大スタジアムでライブを開催することはできません。基本的には専門の小劇場で公演をする必要があるのです。そこで、現地でグループをつくってフランチャイズビジネスを展開することになります。ジャカルタとバンコクにはすでに専門劇場がありますが、この劇場と握手会を中心とするビジネスは、売上に限界をもたらす結果になっています。チケット売上も関連グッズの売上も劇場のキャパシティーで決まってしまうからです」

このAKB48のビジネスモデルはライブパフォーマンスを提供するミュージカルのビジネスと似ているという。『レ・ミゼラブル』『ライオンキング』などのミュージカルは、ニューヨークのブロードウェーをはじめ世界各地で上演されているが、いずれもフランチャイズ方式で行われている。

一方、韓国のK－POPアーティストのビジネスモデルは、フランチャイズ方式ではなく、従来の欧米のアーティストと同じ。規模を達成することを目的とするビジネスだ。世界中でファンの数を増やし、できるだけキャパシティーの大きな会場でライブを行い、効率的に儲ける。

JKT48の成功を機に、AKB48の海外姉妹グループが、タイ、フィリピン、中国、台湾、ベトナム、インドで次々に結成されていったが、「価値獲得」の側面から見れば、いずれも広告収入をどう伸ばしていくかが目下の課題となっているのだ。

本当の成功要因は目に見えない

アルカーセル教授は「国際競争戦略」の授業でAKB48の事例を使って、主に3つのことを教えていきたいという。1つめは重力方程式、CAGEといったフレームワークだ。これらは学生が卒業後、様々な会社でグローバルビジネスを展開するときに必ず役に立つ。2つめは「価値創造」だけではなく「価値獲得」まで実現して初めて外国市場で成功できるということ。その仕組みをつくることが必須条件なのだ。

そして３つめが、グローバル展開の成功要因は目に見えないところにあるということだ。ＡＫＢ48のビジネスモデルはすでにアジア全域に知られているし、ハーバードの教材にも詳しく書いてある。やろうと思えば、巨大な中国や韓国のエンターテインメント企業が真似することも可能だ。しかし、アルカーセル教授はグローバル展開はそんな簡単にいくものではないという。

「表面的なノウハウを真似ることはできるでしょう。しかし目に見えないところまでは真似できないと思います。

私は授業でイケア（ＩＫＥＡ）、ウォルマート、サウスウエスト航空の事例を教えていますが、これらの企業の成功の要因は分析しつくされていて、誰もが知っています。しかし、イケアを真似して同じような家具販売チェーンをつくったからといって、成功できるでしょうか。あるいはウォルマートとそっくりなスーパーマーケットをつくってうまくいくでしょうか。そうはいかないでしょう。こうした会社の本当の成功要因は目に見えないところにあります。そこには企業文化、人脈など、目に見えない資産が複雑にからんでいて、簡単に真似などできないのです」

同じことがＡＫＢ48のビジネスについてもいえるという。

「ＡＫＢ48の海外姉妹グループのビジネスには、パフォーマンスをする女性たちだけではなく、広告代理店、レコード会社、芸能事務所、現地のパートナー企業、外国政府など多くの利害関係者がいて、利益を分配しています。他の国の企業がそんなに簡単にコピーできるビジネスモデルではありません」

どれだけ経済理論や市場データを駆使し、進出する国を決めて、合理的な手法で「価値獲得」をめざしたとしても、それがうまくいくとは限らない。ハーバードの学生はＡＫＢ48の事例から国際競争戦略の基本を学んでいるのだ。

「柿の種」はアメリカで売れるか――亀田製菓の挑戦

「柿の種」を試食する授業が大人気

世界における和食ブームは衰えることを知らない。2013年に和食がユネスコ無形文化遺産に登録されて以来、その人気には拍車がかかるばかりだ。農林水産省の調査によれば、2006年から2019年までの13年間で、海外における日本食レストランの数は2万4000店から15万6000店にまでふくれあがっているという。[*1]

アメリカの都市を訪れた際「ベストレストラン」を検索してみると、どの都市でも必ず日本食レストランが上位にランクインしていることに気づく。最近では、すし、創作和食に加え、ラーメン、うどんなど麺類の店も次々にオープン。ハーバードがあるボストン周辺でも「ラーメンブーム」が起きているのは前述のとおりだ。

こうした和食ブームが続く中、「日本の米菓をアメリカに広めたい」と奮闘しているのが亀田製菓だ。亀田製菓の主力製品は、日本人なら誰でも知っている「亀田の柿の種」。果た

かつてアメリカで販売していた「柿の種（Kameda Crisps）」（亀田製菓提供）

して、「柿の種」はすしやラーメンのようにアメリカで人気を集めることができるのだろうか。

この亀田製菓のアメリカ進出に目をつけたのが、ハーバードのエリー・オフェク教授（Elie Ofek）だ。『亀田製菓：アメリカ市場への挑戦』[*2]という教材を執筆した動機を次のように話す。

「私の主な研究対象はテクノロジービジネスにおける新製品戦略です。その教材となる事例を探していたところ、ふと『ITの新製品を市場に導入すること』と『音楽、ドラマ、食品など文化製品（国や地域の文化に深く根ざした製品）を他国に導入すること』は、とても似ていることに気づいたのです。亀田製菓のアメリカ市場への挑戦話を聞いたとき、『日本で長年親しまれてきた米のお菓子を、アメリカでもヒットさせることができるのか』というテーマは、とても面白いケースになると思いました」

この教材は現在、ハーバード大学の学部生向けの授業とハーバード大学経営大学院のエグゼクティブ講座の両方で使用されているが、学生や受講生からの評判はすこぶるいいという。なぜなら亀田製菓について学ぶ回では、お菓子を試食することができるからだ。オフェク教授は続ける。

「ハーバードの学生はこの事例を気に入っています。というのも、授業の最初に亀田製菓のお菓子を食べてもらいますから。美味しいお菓子を試食しながら、マーケティングを学べると、この授業は人気がありますね」

通常、試食するのは、亀田製菓がアメリカ向けにローカライズした製品。２０１８年の授業では、柿の種[*3]のスイートチリ味、わさび味、ブラックペッパー味（いずれもピーナッツ入り）などを試食した。いちばん人気があったのはスイートチリ味だったという。

米のお菓子でアメリカに挑んだ亀田製菓

亀田製菓の「柿の種」にはおよそ70年の歴史がある。

亀田製菓の母体となったのは、１９４０年代に新潟県亀田町（当時）の農民によって結成された亀田郷農民組合委託加工所。最初に製造・販売していたのは水飴だった。その後、1950年に法人組織に改組され、亀田町農産加工農業協同組合に改称。「柿の種」をはじめとする米菓の製造を開始した。

日本で「柿の種」が生まれたのは大正時代の1924年。新潟県長岡市の浪花屋製菓が発祥といわれている。新潟県内では戦前から多くの会社が「柿の種」を製造していて、人気商品になっていた。そこで亀田町農産加工農業協同組合も「柿の種」を主力商品として販売することにしたのである。

1957年、同組合を母体として亀田製菓株式会社が設立。初代社長には組合長の古泉榮治が就任した。古泉は機械化と大量生産に備えた設備投資を進め、「柿の種」市場における亀田製菓のシェアを拡大させていく。

「ピーナッツ入り柿の種」が初めて登場したのは1966年。

1977年に6袋入りのフレッシュパックが売り出されると個包装の商品は持ち歩きにも便利と評判をよび、大きく売上を伸ばす。1980年代後半に入ると、ビールのドライ戦争とともに、おつまみとしての需要が拡大し、人気を不動のものとした。

日本で米菓メーカーとして確固たる地位を築いた亀田製菓が初めて海外に進出したのは１９８９年。三菱商事とともにアメリカ・イリノイ州のセスマーク・フーズに出資したのがはじまりだ。亀田製菓の使命は、「米菓を通じて世界中の人々に健康や幸せを届けること」。アメリカへの進出もこのビジョンを達成するためのステップだった。

セスマーク・フーズは１９９１年、亀田製菓の協力のもと、アメリカで初めて米菓の製造・販売を開始。低アレルギー、低脂肪であることを前面に出したマーケティングが功を奏し、順調に成長しつづけた。その後、セスマーク・フーズはＴＨフーズと名前を変え、さらに米菓のシェアを伸ばしていく。

現在の人気商品は「クランチマスター」。グルテンフリーのライスクラッカーだ。サクサクとした食感が特徴的だが、これも亀田製菓が開発した「薄く焼き上げる技術」のたまものなのだという。

２００８年には満を持してアメリカ・カリフォルニア州に「カメダＵＳＡ」を設立。その主たる目的は「亀田の柿の種」を全米で販売することだった。亀田製菓の田中通泰《たなかみちやす》会長は当時をこう振り返る。

「『亀田の柿の種』は国内では圧倒的に強い商品です。柿の種のマーケットは約３００億円ですが、そのうち250億円を亀田製菓グループの『柿の種』が占めています。アメリカでも売れば売れる商品だと信じて進出しました」

2012年には、有機栽培素材を原料としたクラッカーを製造・販売していたメアリーズ・ゴーン・クラッカーズを買収。健康志向の高まりから成長が見込まれるアメリカのオーガニック食品市場をさらに開拓することが狙いだった。

現在、亀田製菓は、メアリーズ・ゴーン・クラッカーズ、カメダUSA、THフーズの3社を拠点にアメリカで米菓を販売している。

なぜ「柿の種」は売れないのか

亀田製菓はこれまでアメリカ人向けに様々な商品を提供してきたが、最も売れなくて困っているのが意外にも「亀田の柿の種」だという。

日本では絶対王者の「亀田の柿の種」がなぜかアメリカで広まっていかない。

2008年、カメダUSAを設立して最初に発売したのが、柿の種のスイートチリ味とわさび味。様々なマーケティングテストの結果、オリジナルの「亀田の柿の種」は受け入れられにくいことがわかり、ローカライズした味付けで勝負することにした。このときの商品名は日本と同じ「カキノタネ」(Kakinotane) だった。

しかし「カキノタネ」はいまひとつ浸透していかない。「商品名の『カキノタネ』が発音しにくいのではないか」と考え、2011年に「カメダクリスプス」(Kameda Crisps) という名前に変更。味もスイートチリ味、わさび味に加えて、ブラックペッパー味、バーベキュー味などどんどん増やしていった。

ところがTHフーズ、メアリーズ・ゴーン・クラッカーズの商品が売上を伸ばす中、アメリカ版柿の種「カメダクリスプス」の売上はなかなか上向かない。

授業では、日本で長年にわたって愛されてきた「柿の種」がなぜこれほどアメリカで苦戦しているのかを考えていくのである。

経営大学院のエグゼクティブ講座で議論するのは、「なぜこんなに美味しいのに、アメリカで苦戦しているのか」。オフェク教授がよく受講者に投げかけるのが次のような質問だ。

「プロモーションする際、これが日本のお菓子だということを強調しますか」

「あまり『日本』を強調するとニッチ製品になってしまうと危惧するなら、このお菓子のもつどの要素を強調しますか」

「亀田製菓は日本でうまくいったマーケティング戦略を変える必要があると思いますか」

米菓を置く陳列棚がない

マーケティング戦略を考える上でよく使われるのは「4P」という枠組みだ。MBAの授業では必ず学習する、基本となるコンセプトだ。

4Pとは、Product（製品・商品）、Price（価格）、Promotion（プロモーション）、Place（流通）の4つを指す。この4つのPを組み合わせながら、最も効果的なマーケティング手法を考えていく。

「カメダクリスプス」の場合、商品は美味しいし、健康的だし、何の問題もない。価格も1袋3ドル程度と安価でコストパフォーマンスもいい。となると問題は「プロモーション」と「流通」。特に多くの受講生が毎回指摘するのは「流通」の問題だという。オフェク教授は言う。

「柿の種は、アメリカで売られているお菓子の中のどのカテゴリーにもあてはまりません。ポテトチップス、コーンチップス、ナッツなどの陳列棚がある中で、『どこへ置けばいいか』と迷ってしまう商品なのです」

確かに亀田製菓がずっと苦労してきたのは売り場の確保だった。アジア系の食品の専門店をはじめ、ホールフーズ、セーフウェイ、クローガー、ウォルマートなど大手チェーンにも営業したが、「アジアのお菓子」というコーナーに置く店もあれば、ポテトチップスの近くに置く店もあり、置き場に困っていたという。

日本で「米菓」は大きなカテゴリーで、柿の種の置き場所に困るなんてことにはならない。しかしアメリカではそもそも米菓が売られていない。１つのカテゴリーをつくるところからはじめなくてはならない。そこがとてもハードルが高いのである。

次に受講生が指摘するのは「プロモーション」の問題だ。アメリカ人にとって柿の種は「謎めいた食べ物」。「食べてみたら美味しいけれども、パッと見ただけではどういう食べ物なのかわからない」という存在なのだ。オフェク教授は続ける。

「もう少し、試食してもらえる機会を増やしたり、食べ方を知ってもらったりするために宣伝予算を使ったほうがいいのではないか、と指摘した受講生もいました。柿の種はどういうシチュエーションで食べるものなのか、どのような食べ物や飲み物と組み合わせると特に美味しいのか、など柿の種の魅力をもっと伝える努力をすべきではないか、という意見もありました」

ところがここで、宣伝が先か、売れるのが先か、という「ニワトリと卵」の問題が発生する。現場は、ある程度の宣伝費をかけなくてはプロモーションができないという。一方、経営側は売れることを証明してくれないと、予算は割けないという。「もっと宣伝費をかけるべきだ」と主張する受講生に対し、「お金をかけたからといって売れるとは限らないから、マーケティング費の増額はお金の無駄だ」と主張する受講生もいて、毎回、議論が白熱するのだという。

シリコンバレーから火がついた「お～いお茶」

日本を代表する米菓「亀田の柿の種」が売れないなんて、日本人からすれば考えられないことだが、いったい、外国からどのような食品や飲料をもっていけば、アメリカでヒットするのだろうか。

オフェク教授の授業で成功例として紹介しているのが、伊藤園の「お～いお茶」とひよこ豆のディップ「フムス」だ。

アメリカのレストランやスーパーマーケットに行くと、「お～いお茶」がよく置いてあるが、今や日本茶の代表格となっている「お～いお茶」もすぐに売れたわけではなかった。ここまでくるのに相当の時間を要しているのである。

伊藤園が本格的にアメリカに進出したのは２００１年。最初は大手スーパーを中心に営業したが、なかなか置いてもらえなかったという。アメリカでペットボトルや缶飲料といえば「甘い飲み物」というのが定番。「甘くないお茶」はなじみがなく敬遠されてしまったのだ。

転機が訪れたのは２０１０年頃。伊藤園の営業担当者がシリコンバレーの会社に狙いをさだめて、集中的に営業したことだ。エンジニアが集まるイベントや勉強会に足を運び、草の根的な販促活動を展開。最初は相手にされなかったが、そのうち熱意をかわれ、エンジニアが所属する会社のカフェテリアの担当者を紹介してくれるようになったという。[*4]

サンフランシスコやシリコンバレーには、福利厚生の一環として、社員に飲料や食料を無償で提供している企業が多い。中にはランチまで無料で食べられる企業もある。ここに置かれる飲料は、近年、社員の健康意識の高まりを受けて、無糖のものが選ばれる傾向にある。こうした背景もあり「お～いお茶」は「無糖で健康に良い」「日本語のパッケージが面白い」と評判をよび、グーグルやツイッターなどでも社内の冷蔵庫に常備してもらえることになった。

今や「お～いお茶」は、週明けに補充しても週末には在庫が切れてしまうほどの人気だという。

シリコンバレーから火がついた「お～いお茶」の人気は全米に拡大し、今では大手スーパーやコンビニエンスストアでも販売されている。

「フムス」とは、地中海地方発祥の伝統的なディップのことだ。ひよこ豆、生ごまペースト、オリーブオイル、レモン汁、塩、にんにくなどが主な原料で、ピタパンや野菜につけて食べる。10～15年ぐらい前までは全く知られていなかったが、今やアメリカ人なら誰でも知っているほどの人気健康食品になっている。

この成長を牽引したのが、ペプシコのグループ企業、サブラ・ディッピング・カンパニーだ。2009年から全米各都市をまわり、試食や料理イベントを開催したり、テレビコマーシャルを放送するなど、大規模な宣伝キャンペーンを実施してきた。大きく知名度を伸ばすきっかけとなったのは、ビーガン（完全菜食主義者）のセレブやインフルエンサーがSNSでフムスを「お気に入りの食品」として紹介したことだった。これを機に「セレブが食べるおしゃれな食品」として急速に口コミで広がっていったのだ。

現在、アメリカの大手スーパーマーケットにはフムスの特設コーナーがあり、数十種類のフムスが売られている。フムスは、ニッチカテゴリーから主要カテゴリーに成長し、その市場規模は10億ドル以上といわれている。

「お〜いお茶」と「フムス」のアメリカ進出の歴史をひもといてみると、アメリカ人になじみのない新しい食べ物や飲料で新しい市場をつくるのにはかなりの時間がかかることがわかる。その理由をオフェク教授はこう解説する。

「人間は子どものころに食べたもので、食の好みがほぼ決まってしまいます。味覚、食習慣は簡単には変えられないものです。フムスもアメリカに根付くのに10〜15年かかっています。すしは20〜30年、ラーメンも同じぐらいかかっているのではないでしょうか」

長い低迷期を経て、あるティッピングポイント（転換点）を超えるとブレイクする。そのきっかけはやはりセレブ、インフルエンサー、ＩＴ起業家、富裕層など発信力のある新しもの好きの人たちが推奨したことだ。

アメリカのロサンゼルスに初めてすし店が誕生したのは１９６０年代だといわれている。[*5] 最初は日本人顧客ばかりだったが、アメリカ人の俳優や映画関係者が「すしという新しい食べ物を食べてみた」と周りの人に話したことを機に、徐々に知られるようになった。その体験談が話題をよび、口コミで広がっていったのだ。

「柿の種」はハイチュウやポッキーとは違う

亀田製菓は2018年、「カメダクリスプス」をアメリカで販売するのをいったん終了することにした。その理由を田中会長は次のように語る。

「当初は亀田製菓を代表するお菓子『亀田の柿の種』をぜひともアメリカに広めたい、という思いでアメリカに進出しました。2008年からおよそ10年間にわたって挑戦してきましたが、大きな広がりが見られなかったのです。そこでしばらくお休みしようということになりました」

商品や販売方法を改善するなどありとあらゆる試行錯誤を続けてきたが、残念ながら、全米のスーパーマーケットやコンビニエンスストアで展開されるほどのヒットにはならなかったという。その要因は何なのか。田中会長は言う。

「アメリカ人は味覚に対して意外と保守的なのです。それから小さいものをつまんで食べる習慣がないので『小さくて食べづらい』という意見もありました」

同社経営企画部の安中俊彦《あんなかとしひこ》さんは次のように分析する。

「日本のお菓子の中にはアメリカ人になじみやすいものとそうでないものがあります。たとえばハイチュウは、もともとチューイングキャンディーを食べる習慣があったのですんなり受け入れられましたし、ポッキーも、プレッツェルと似ているお菓子ですのですぐに人気が出ました。もともと米のお菓子を食べる文化がないところに、我々は挑戦しているので、どうしても時間がかかります」

その一方で、この10年間のチャレンジで大きな学びもあった。健康意識の高いハイエンド層には確実に「売れる」ことがわかったのである。グーグルのカフェテリアや、ホールフーズ、ウェグマンズなど自然食品の販売に力を入れているスーパーマーケットが亀田製菓の「カメダクリスプス」に興味を示してくれて、積極的に置いてくれたのだ。

田中会長が次のステップとして志しているのは、「亀田の柿の種」や亀田ブランドにこだわらず、「米のお菓子」をアメリカに広めることだ。その理由は主に2つある。1つはアメリカにおける競争優位性だ。

現在、亀田製菓は、メアリーズ・ゴーン・クラッカーズ、カメダUSA、THフーズを軸に米菓を販売しているが、これらの売上を合計すると、なんとアメリカにおける米菓シェアの約6割にもなる。田中会長は言う。

「日本の米菓市場は2800億円。アメリカはまだ6分の1ですが、アメリカのほうが圧倒的にシェアを獲得しています。日本市場は人口減少で横ばいですが、アメリカは成長市場。毎年、安定的に伸び続けています」

米のお菓子を製造する技術は、高度な技術の集積であり簡単に真似できるものではない。実は参入障壁が高い産業なのだ。そういう意味で、亀田製菓は断然、優位な地位にいる。

肥満予防の観点からも注目される米の効用

もう1つは、「米のお菓子を世界に広めることは、世界の人々の健康に役立つ」という信念だ。

1950年代後半から米の効用を研究しつづけた亀田製菓には、「米のエキスパート」としての自負がある。何よりも米は28大アレルゲンに含まれていない[*6]ため小麦アレルギーの人たちも安全に食べることができる。[*7]加えて米には糖尿病予防、アルツハイマー予防、脂質代謝改善にも役立つ成分も含まれているという。[*8]

さらには低カロリーで、肥満予防にもなる。「幼少期に米タンパク質を摂取すると大人になってから太りにくい」[*9]ということも亀田製菓と新潟大学の共同研究で明らかになっている。

近年、環境的な観点からも米の製品は再評価されている。というのも、米は環境を破壊することなく栽培できる作物だからだ。水田はカエル、トンボなどの生息地となっていて生態系を保持するための重要な機能を果たしている。田中会長によれば、海外の投資家から亀田製菓は「ＥＳＧ企業[*10]」として高く評価されているのだという。田中会長は熱く語る。

「アメリカで米菓のマーケットが広がっていくことを目標にしています。とにかく米菓がアメリカで根付けばいいので、そのためには必ずしも亀田ブランドを前面に出す必要はないと思っています」

実際、アメリカの高級スーパーで販売している米菓の中には、亀田製菓が商品の中身だけ提供し、人気商品となっているものもある。さらには、アメリカ人になじみのある小麦粉やトウモロコシを原料としたスナック菓子とほぼ同じものを米でつくる技術もすでにある。食感も味も変わらないものをつくることが可能だというから販売すればおそらく大ヒット間違いなしだろう。

目下のところの課題はマーケティングだと田中会長は考えている。

「技術もあるし、商品もできるのですが、課題はマーケティングです。大手と組むか、自分たちのチャネルで売るか、あるいは、ＯＥＭ（他社ブランドで販売される製品を製造すること）で展開していくか。そこは考えどころです」

オフェク教授は、このケースが面白いのは、まさに今も挑戦が続いていることだという。「この教材はマーケティング戦略、グローバルマーケティング、消費者行動など、様々なことを教えられるのでとても重宝しています。これからもたくさん試食して、たくさんマーケティングを学べる授業にしていきたいと思っています」

大激論！「柿の種：ピーナッツ」の比率をめぐる国民投票

日本の米菓メーカーが世界に貢献できることは何だろうか。それをさらに探るために「亀田の柿の種」の生産工場を見学させていただいた。国内に流通している「亀田の柿の種」はすべて新潟県内にある工場で製造されているという。

「亀田の柿の種」が日本を代表する米菓であると誰もが実感したのが、2019年に行われた「柿の種：ピーナッツ」の配合比率をめぐる国民投票だろう。テレビCMやSNSなどで「現在の比率は『6：4』ですが、あなたにとってベストな比率を投票してください」と呼びかけたキャンペーンは大きな話題を集めた。

タレントのマツコデラックスさんがママチャリに乗りながら「私、亀田を変えたいの。本音を言うと柿の種は6：4じゃなくて7：3がベストだと思うのよ」と心の中で語るCMも話題をよび、大激論に。2019年10月1日から11月27日までの投票総数は25万5903票。結果は「7：3」が第1位[*11]だった。今後、この比率が見直されていくのだろうか。田中会長は言う。

「柿の種だけでいい、というお客さまもいるし、ピーナッツがあるから美味しいんだ、というお客さまもいます。お客さまの中には袋を開けてから、柿の種とピーナッツの数を数える方もいます。ピーナッツが増えたんじゃないか、とか、皆、一家言あり、中にはお電話をいただくこともあります。経営上はピーナッツの原価のほうが高いので『7：3』のほうがありがたいですが（笑）、社内で検討して、今後どうするか、国民の皆さまに発表していきます[*12]」

ちなみにアメリカで売っていた商品の比率は「6：4」、中国で販売中の商品は「5：5」、インドで販売中の商品は「7：3」だという。

日本が誇る米菓で世界の食文化に貢献したい

国民食ともいえる「亀田の柿の種」の生産工場には、国内外の見学者がひきもきらない。小学生、中学生、企業関係者、メディア関係者をはじめ、最近では海外から有名スーパーマーケットのバイヤーも見学に訪れているという。

いったい、あの美しいオレンジ色のお菓子はどのようにつくられているのだろうか。

まず生産工場を見て驚くのが、すべての工程が機械化されていて、工場内に人がほとんどいないことだ。工場を案内してくれた亀田工場業務課の本間《ほんま》裕輔《ゆうすけ》さんは言う。

「全部で13人ですべてのオペレーションをまわしています。この工場の1日の生産量は24万袋です。私も10年ほど前は包装工程を担当していましたが、現在はその工程も機械化されています」

「亀田の柿の種」が商品として出荷されるまでには、次のような工程を経る。

米粉を蒸して練る↓成形↓冷蔵↓切断↓乾燥↓選別
↓焼き↓味付け↓仕上げ乾燥↓ピーナッツ装填↓選別↓包装

どの過程もほぼ機械化されている中、人間の役割はどんな条件下においても毎日同じ品質の商品を製造できるように管理すること。気温、湿度、原料などによって、微妙に機械の設定を変えるのだ。

柿の種6：ピーナッツ4（2020年6月より7：3）の比率になるように計量し個包装（亀田製菓提供）

次に印象深かったのが、商品の「見た目」に対するこだわりだ。これはまさに美意識の高い日本のメーカーらしい特徴だ。

「亀田の柿の種」の中身を一つひとつ見ていくと、柿の種もピーナッツもほぼすべて同じ色、大きさであることに気づく。工程の中に2回も「選別」があり、色彩選別機を使い、規格外のものを取り除いていく。1回目は柿の種、2回目はピーナッツの色彩を選別し、「他と色が異なっているもの」ははじかれていくのだ。

次に驚いたのが、柿の種の「空洞」の大きさも厳密に決められていること。これも同じ食感を維持するために欠かせない技術だという。

このような生産工場を見学していちばん驚くのが外国人の方々だ。

本間さんは「アメリカ人のバイヤーの方々をご案内すると『ここまで徹底して品質管理がされているのか』と驚かれます。まさに50年の知識がここには蓄積されていると思います」と語る。同じく生産工場を案内してくれた広報・ＩＲチーム*13の藤崎舞子《ふじさきまいこ》さんは、「東京の大学を卒業した後、新潟に戻ってきて亀田製菓に就職しました。海外からのお客さまを迎えるたびに、新潟から世界をめざす企業で働いていることを誇りに思います」と言う。

世界の人々に着実に影響を与えつつある亀田製菓。米菓を製造することによって、究極的には何を実現しようとしているのだろうか。田中会長は言う。

「亀田製菓が蓄えた知見が世界の食文化に貢献できると思っています。日本の技術、日本料理の見た目の美しさ、食感へのこだわり。これらすべてが亀田製菓のお菓子には詰まっていると思っています」

日本が誇る米のお菓子が世界の人々の健康や幸せに貢献する――亀田製菓にとってアメリカ進出はそのビジョンを実現するためのワンステップであり、「アメリカ市場をあきらめない」のはその崇高な使命を達成するためなのだ。

第5章

リーダーシップ

ソニーのV字回復と創業の精神

ソニー株式会社が初めて教材に

「ソニーはいくつもの伝説的な製品を世界に送り出してきた日本企業です。私の子ども時代を振り返ってみても、周りはソニーの製品ばかりでした。ソニーの『ウォークマン』は革新的なオーディオプレーヤーでしたし、トリニトロンカラーテレビは最高の技術を誇るテレビでした。このような世界を変えてきた豊かな歴史があるのにもかかわらず、実はソニーの経営については、公になっている記録が少ないのです。特に近年のV字回復の過程についてはあまり知られていません。そこでソニーの現役員、当時の役員に直接インタビューし、自らの言葉で語ってくれたことをもとに教材を書きたいと思いました」

と熱く語るのは、ステファン・トムケ教授（Stefan H. Thomke）。2018年6月、ハーバードの教材『ソニー株式会社』[*1]を出版した。

実はソニー本社の事例が教材になったのは今回が初めて。これまで、海外の子会社の事例が教材になったことはあったが、「ソニー株式会社」の歴史や経営そのものに踏み込んだものはなかった。ホンダの教材が最初に書かれたのが1980年代であることを考えると、ここまで時間を要したのは意外なことだ。トムケ教授も、これほど世界に影響を与えてきた企業の教材がハーバードにないこと自体が驚きだったという。

トムケ教授が『ソニー株式会社』で伝えているのは、かつて革新的な企業の代名詞といわれたソニーがいかにエッジを失い、いかに栄光を取り戻していったか。ソニーの創業からV字回復を果たすまでの物語を執筆する上で特に注目したのがテレビビジネスだった。なぜ数ある事業の中でテレビにこだわったのか。その理由をトムケ教授は次のように話す。

「ソニーという会社を語る上で、テレビビジネスは欠かせないと考えたからです。テレビはソニーを代表する製品であり、ソニーの成長を牽引してきた事業です。だからこそ立て直すのが難しかったのです」

世界に語り継がれる伝説の「破壊的イノベーション」

『ソニー株式会社』が登場する前からも、ハーバードでソニーの事例はイノベーションの授業でしばしば取り上げられてきた。

テープレコーダー（1950年）、トランジスタラジオ（1955年）、トリニトロンカラーテレビ（1968年）、「ウォークマン」（1979年）。これらの革新的な製品はまさにイノベーションの模範例だった。

授業で度々ソニーのイノベーションの歴史を教えてきたウィリー・シー教授は、次のように語る。

「ソニーは1950年代、安価な小型トランジスタラジオで破壊的イノベーションを起こしました。真空管からトランジスタへという変化の波にうまく乗ったのです。ソニーが新しい製品を次々に世に送り出せた要因は、技術開発力と徹底的な顧客主義にありました」

ここからはテープレコーダー、トランジスタラジオ、トリニトロンカラーテレビ、「ウォークマン」という4つの製品を軸にソニーの歴史を振り返ってみたい。

ソニーの前身である東京通信工業が設立されたのは、1946年。創業者の一人、井深大が東京・日本橋で、ラジオの修理・改造や電気炊飯器の製造などを手がけていたのがそもそものはじまりだ。そこに盛田昭夫や岩間和夫などが参画し、株式会社としてスタートした。

東京通信工業に大きな転機が訪れたのは、GHQの依頼でNHK（当時JOAK）の設備

トランジスタラジオ「TR-55」（ソニー提供）

改造工事を請け負ったことだった。[*2] NHKでアメリカ製のテープレコーダーを見かけた井深と盛田はテープレコーダーとテープを独力で開発することを決意。これが売れに売れて、東京通信工業は大きく成長することになる。

テープレコーダーの次に手がけたのは、トランジスタラジオだった。アメリカを訪れていた井深がアメリカ人の友人から「今度、ウエスタン・エレクトリック社がトランジスタの特許を望む会社にその特許を公開しても良いと言っているが、興味はないか」[*3]と聞かれたことがきっかけだ。トランジスタとは半導体という物質からできている電子素子のこと。[*4] トランジスタを使えば、とてつもなく大きかった真空管ラジオを持ち運びができるぐらいの小さくて軽いものにできるかもしれないと考えた。

ところがラジオ用の高周波トランジスタはアメリカの会社でさえも製造できないほど難度の高い製品だった。ウエスタン・エレクトリックの担当者から「日本の小さな会社がやろうなんてできるわけがない、悪いことは言わないからラジオはやめて補聴器にしなさい」[*5]と言われるほどだった。しかし彼らはあきらめなかった。最初は100個つくって99個失敗した。それでも挑戦するのをやめなかった。文字通り試行錯誤を重ね、トランジスタラジオ「TR−55」を完成させたのは1955年のことだった。自社でトランジスタから製造し、そのトランジスタを使ってラジオをつくったのは、東京通信工業が世界最初だった。

トランジスタラジオは日本とアメリカで大ヒット[*6]。今も世界で語り継がれる伝説の「破壊的イノベーション」となったのである。

東京通信工業は1958年、ソニーと社名を変える。新生ソニーが次にとりかかったのが、トランジスタテレビをつくることだった。1960年、世界初の直視型ポータブル・トランジスタテレビ「TV8−301」を発表。しかしこの製品は値段も高価でよく故障したことから失敗に終わる。

その後もソニーはテレビの開発をやめなかった。1964年、ソニー独自の新方式カラーテレビ「クロマトロン」を世に出す。ところが引き続きコストと故障の問題が重くのしかかる。クロマトロンをつくればつくるほど、損失が大きくなっていく。これ以上開発費をつぎ込んでいったら、それこそソニーは、クロマトロンと心中ということにもなりかねない。そこで、クロマトロンに代わる方式に挑戦することにした。

アメリカではRCAがシャドーマスク方式ですでに月産2万台を達成していた。ソニーも一時はRCAの技術を使うことも考えたが、やはりソニーらしく「独自開発」にこだわることにした。そんなときクロマトロンの開発チームリーダーが、「1本の電子銃で電子ビームを3本走らせる」というアイデアをひらめく。これは当時、「気は確かなんだろうか」[*7]と思われるほど非常識な発想だったというが、結果的にこのアイデアがブレークスルーとなる。

1968年、新しいカラーテレビ「トリニトロン」が誕生。この独自技術にこだわった製品はその後、ソニーに大きな利益をもたらしていく。

シー教授は次のように分析する。

「『1ガン3ビーム』『アパチャーグリル』『円筒形のフラットパネル』などの技術を擁したソニーのトリニトロンカラーテレビは、アメリカ製のテレビよりもはるかに優れていました。ソニーのトリニトロン技術の基本特許は1991年まで有効でしたから、ソニーはこの周辺技術に関する特許をもとに、テレビ画面のフラット化、大型化を進めていき、シェアを拡大することができたのです」

ソニーは1979年には世界を席巻した「ウォークマン」を世に送り出す。「ウォークマン」は徹底した顧客目線で見えないニーズを掘り起こした製品として有名だ。「ウォークマン」のアイデアを最初に思いついたのは盛田だ。井深が「ぼくは音楽を聴きたいんだけど、他人を邪魔するのはいやなんだ。そうかといって、一日中ステレオの前に座っているわけにもいかないから、こうして音楽を持ち歩いている。だけど重くてかなわんよ」[*8]と不満をもらしていたことがヒントになった。そういえばニューヨークでも大きなテープレコーダーやラジオを肩にのせて、音楽をかけながら歩いている若者を見かけたし、これはいけるかもしれない、と盛田の主導で試作品をつくることとなった。当初は「こんなもの、売れない」と現場の人たちからは不評だったというが発売してみると大ヒット。「ウォークマン」は音楽を持ち運ぶという新しい価値を世界にもたらした。

これほど革新的な製品を送り出してきたソニーのイノベーション力が、2000年代に入ると陰りを見せはじめる。独自技術による破壊的イノベーションよりも、既存の製品の機能を改善する持続的イノベーションに注力するようになってしまったからだ。特に深刻だったのは、テレビビジネスの不振だった。シー教授は続ける。

「ソニーが苦しくなってきたのは、ブラウン管テレビから液晶テレビへと転換したときです。液晶テレビはコモディティーですから、どんなメーカーでもテレビを製造することができるようになりました。台湾の端軒科技（アムトラン・テクノロジー）、韓国のサムスン電子、LGエレクトロニクスなど、日本国外のメーカーが次々に参入し、ソニーはテレビ事業でお金を儲けることができなくなってしまったのです」

このような状況からソニーはどのように復活を遂げたのだろうか。

なぜテレビビジネスを立て直すことが必須だったのか

それをまさに分析しているのが、トムケ教授の『ソニー株式会社』だ。

トムケ教授はテレビ事業の再生こそソニー復活の鍵であったという。

「ソニーをV字回復させるにあたって、『テレビビジネスをどうするか』というのは大きな問題でした。売却するか、何とかして立て直すか、二者択一しかなかったのです。平井一夫《ひらいかずお》社長[*9]（当時）とマネジメントチームは、自らの手で立て直すことを選択しました。これは勇気ある選択であったと思います。なぜなら、過去の経営陣が挑戦してうまくいかなかったことに挑戦するわけですから」

それにしても、なぜ平井社長を含む経営陣はテレビ事業を立て直すことにこだわったのだろうか。平井社長はインタビューでこう振り返っている。

「一番の課題は、長年続いていたテレビの赤字の解消だった。規模が大きく、テレビがターンアラウンド（再生）しないと、ほかを構造改革しても、必ず、テレビビジネスが全体をプッシュダウンする」[*10]

つまりここを改革しないと会社を再生できないと考えたのだ。

一方で平井社長は２０１４年、パソコン事業からの撤退を決断する。テレビ事業とパソコン事業の違いはどこにあったのか。広報・ＣＳＲ部の飯田高志《いいだたかし》さんはこう説明する。

「パソコン事業を切り離して、テレビを残した理由は、テレビはソニーのテクノロジーで差異化できる事業だったからです」

当時、コモディティー化が進んでいたパソコン市場においては、ソニーにしかない技術で他社製品と差別化を図るのが難しくなっていた。対照的にソニーのテレビにはソニー独自の「画像処理エンジン」（画像をよりきれいに写す技術や黒の濃淡をはっきり写すための技術など）や「オーディオメーカーとしての高い音響技術」（画面をふるわせて音を出す技術など）があった。ここに勝算があると踏んだのだ。飯田さんは続ける。

「昔からソニーの社内では『画音（画像と音声）で勝負する会社であれ』と言われてきました。ソニーの歴史においてテレビは、業績においてもブランドにおいても圧倒的な存在感を放つ商品の一つです。10年近くずっと赤字だった事業を平井と経営チームが一丸となって復活させたというのは、我々社員にとってもシンボリックなことだったと思います」

確かにソニーの製品の歴史を振り返ってみれば、顧客の「見る」「聴く」体験を追求してきたことがよくわかる。その両方を備えるテレビはソニーのアイデンティティーそのものだったのである。

スティーブ・ジョブズとカズ・ヒライを比較する授業

トムケ教授は現在、ソニーの教材をエグゼクティブ講座の経営者養成プログラム（GMP）[*11]で使用している。すでに何回か教えたが、受講生から高い評価を得ているという。

受講生は世界中の企業から派遣されている経営幹部。その多くはソニー製品とともに育っている。「日本という国に強い結びつきをもつグローバル企業」としてソニーがどのような歴史を歩んできたのか、V字回復をどのように達成したのか、といったテーマに特に関心が寄せられているという。

授業ではまず、『ソニー株式会社』をもとに、「なぜソニーは苦境に陥ってしまったのか」について議論する。経営陣の問題だったのか。市況が悪かったのか。なぜ過去の栄光を取り戻そうとして行ったことが、結果につながらなかったのか……。

また変革を主導した平井社長のリーダーシップ、経営計画、行動についても意見を交わす。「1997年のスティーブ・ジョブズ」と「2012年のカズ・ヒライ」を比較しながら、「リーダーシップとV字回復」をテーマに議論を深めていくそうだ。トムケ教授は言う。

「スティーブ・ジョブズがアップルに戻ってきたとき、会社は瀕死の状態でした。『すごい製品を生み出してきた偉大な企業が苦境に陥った』という点で、ソニーとアップルは似ているのです」

アップルとの最も大きな違いは、時間がかかったことだろう。なぜソニーはV字回復にこれほど時間がかかったのだろうか。その理由の一つが、会社のサイズがとてつもなく大きかったことだ。

2011年度のソニーの売上高は6兆5000億円[*12]。一方、1997年度のアップルの売上高は7800億円（70・8億ドル）[13]。大企業になればなるほど、改革には時間がかかるのだ。

トムケ教授は続ける。

「新しいビジネスモデルにするには、全組織、全社員のマインドを変えなければなりません。大量生産ビジネスに長く携わっていると、製造部門は、規模の経済を達成することを第一に考えます。ミニマムロットを達成できなければ、生産コストを回収できないからです。経営陣が『今日から私たちは最高品質、高価格のハイエンドテレビに注力します。生産量を20％減らしましょう』と言っても、急には対応できません。なぜなら固定費は下がらないのに少数生産に踏み切れば、最悪、大きな赤字になる恐れがあるからです。

さらにエンジニアが、高価格に見合うだけのテレビを開発するのにも時間がかかります。競合よりもはるかに魅力的なテレビをつくらなければ、消費者は高い金額で買ってくれないからです」

テレビ事業を立て直すにはそれなりの時間が必要だったということなのだ。

ソニーは「感動会社」だ

トムケ教授がハーバードでソニーの事例を教え続けているのは、ソニーと同じようにビジネスモデルやポートフォリオの転換に苦悩している大企業が多いからだ。こうした大企業の経営幹部にとってソニーの事例はまさに他人事ではなく自分事。ことさら熱心に議論するというのもうなずける。

ソニーの経営陣は、「ソニーはどういう会社であるべきか」「ソニーは何を達成するべき会社なのか」を徹底的に考え、次々に行動に移していった。トムケ教授は、「ソニーの再生物語」からは会社再生に不可欠な本質を学ぶことができるという。

「ソニーのV字回復に最も貢献したのは、平井社長のチームがソニーの創業の精神に立ち返ることに注力したことだと思います。それは『WOW!』と感動してもらえるような製品を世の中に送り出すことです。製品をパッケージから取り出し『WOW!』と思い、使ってみて『WOW!』と思う。そんな製品を世に出せば、顧客は喜んでお金を出してくれます。

これはまさに創業者の井深大と盛田昭夫が志したことです。平井社長は『ソニーは感動会社。ソニーにとって最も重要なのは感動を顧客へ届け続けることだ』とさえ言い切っています。問題はそこにたどりつくまでの過程であり、どのように収益と両立させていくかです」

社長から「これから『感動会社』になる」と宣言されて、社員はどのように受け止めたのだろうか。

映画や音楽をつくっている社員はきっと共感したことだろう。しかしたとえば半導体をつくっている部門や管理部門などの社員はどうだろうか。ソニーセミコンダクタソリューションズ経営戦略部の竹田将人《たけだまさひと》さんはこう振り返る。*14

「イメージセンサーをつくっているエンジニアは皆『自分たちが映像文化を創造していく』という気概をもって新しい製品を開発してきました。これは昔からそうです。すべての映像はイメージセンサーからはじまり、その善し悪しは一目でわかるからです。ですから『感動』という言葉はものすごく腑に落ちたと思います。そもそもソニーの人間は『感動』が好きなんですよ」

飯田高志さんは当時、経営企画部で経営管理を担当していた。

「確かにソニーはいろんな事業をやっていて、何を提供する会社なのかというのが見えなくなっていたところはあったと思うんです。それを『社会に感動を提供している会社なんだ』と明確に言われて、『そうか』と納得した部分はありますね」

広報・CSR部の柴田智彩《しばたちさ》さんは2012年入社。「ちょうど入社した年が平井社長就任の年だったんですよ。平井社長が入社式のスピーチで『ユーザーの皆さまに感動を与えたい』『好奇心を刺激する会社でありたい』『ソニーを必ず変える』というメッセージを私たちに伝えてくれて、それこそ感動してしまったのを今でも覚えています」と語る。

「感動」という言葉はあまりにも普通の言葉にも思えるが、ソニーの社員にとっては特別な言葉だったようなのである。

繰り返し伝えたのは「規模を追わず、違いを追う」

「感動」とともに平井社長が繰り返したのは「規模を追わず、違いを追う」という言葉だ。

この言葉は、井深大が起草した東京通信工業の設立趣意書に由来している。

設立趣意書の「経営方針」の1番目には「不当なる儲け主義を廃し、あくまで内容の充実、実質的な活動に重点を置き、いたずらに規模の大を追わず[*15]」と記してある。また3番目には「極力製品の選択に努め、技術上の困難はむしろこれを歓迎、量の多少に関せず最も社会的に利用度の高い高級技術製品を対象とす。（中略）他社の追随を絶対許さざる境地に独自なる製品化を行う[*16]」と書いてある。

「いたずらに規模を追わず」という言葉は平井体制になってからソニー社内で驚くほど浸透していったという。[*17]

平井社長はテレビ事業を分社化し、部門の採算を「見える化」し、事業責任を明確化した。２０１５年、赤字を続けていたテレビ事業は11年ぶりに黒字化した。[*18]「感動」と「いたずらに規模を追わず」。平井社長とその経営チームは、徹底して創業の精神に立ち戻ったのである。

外からは計り知れないシナジー

ソニーは、２０１９年10月に発表した上半期の中間決算で、過去最高の営業利益を達成した。売上高は４兆４７９億円。営業利益は前年同期比17％増の５０９８億円。[*19] 見事な復活ぶりである。

ここ数年の営業利益の成長を牽引している製品の一つが「ＣＭＯＳイメージセンサー」[*20]。人間でいえば「眼」の役割を果たす半導体だ。

トムケ教授は「ソニーのビジネスには外からは計り知れないシナジーがある」と言うが、まさにその象徴ともいえるのが、イメージセンサーだろう。

CMOSイメージセンサー「IMX530」（ソニー提供）

ソニーは2020年1月6日、「CES2020」（アメリカ・ラスベガスで開催される世界最大級の家電・技術見本市）の開幕に先駆けて行われた記者会見で、自動運転や音響・映像の技術を詰め込んだ電気自動車のコンセプトカーを発表したが、その車にも車載向けのCMOSイメージセンサーなど数種類のセンサーが合計33個も搭載されていた。[*21]

このイメージセンサーは急にソニーの稼ぎ頭として浮上した感があるが、ソニーの半導体開発の技術にはなんと60年以上の歴史がある。ソニーは世界初の製品の開発にこだわってきただけに、半導体部門も独自の技術を開発しなくてはならなかった。その積み重ねが今、花開いているだけなのだ。

ソニーのイメージセンサーは今、デジタルカメラ、スマートフォン、自動車、医療用内視鏡、ドローンなど様々な機器に搭載されている。その性能や品質の高さからソニーの製品だけではなく、他社の製品にも導入されている。いわば黒子としてソニーの製品を他社に提供するのに抵抗はないのだろうか。前出の竹田さんは言う。

「そもそもソニーは世の中にないものをつくることをめざしてきた会社なので、ないものはすべて内製しなくてはならなかったんですよ。CDやMDを開発したときも、その基幹部品となる大規模集積回路は自前で開発しました。新しいフォーマットを広めるには、それを外販して普及させる必要があります。ですから、他社製品にソニーの半導体が入っていても、抵抗はないですね。我々としては自分たちの技術が人に感動をもたらし、その技術で社会が豊かになればいいのです」

1999年10月、アップルのスティーブ・ジョブズは新製品の発表会の冒頭、その直前に亡くなった盛田昭夫をこう追悼した。

「盛田昭夫は私とアップルの仲間に大きなインスピレーションを与えてくれた。トランジスタラジオ、トリニトロンテレビ、民生用ビデオデッキ、ウォークマン、オーディオCD。これらのソニー製品は、家電業界に驚異的なイノベーションをもたらした。我々がこれらの製品に感動したのはいうまでもない」

ステージの中央にはソニーの制服に身を包んだ盛田昭夫の写真が高々と掲げられていた。そのおよそ20年後。ソニーとアップルはハーバードの同じ授業で教えられることになった。ソニーとアップルが苦境から立ち直ったのはイノベーションの基本に立ち返ったからである。それは人々を感動させる製品をつくり続けることだ。

福島第二原発を救った「チーム増田」の〝心理的安全性〟

グーグルの研究結果で注目される「心理的安全性」

組織は「維持する」から「構築する」時代を迎えていることはすでに第1章で述べた。市場の変化に迅速に対応するためにも、優秀な人材を集めるためにも、生産性の高い組織をつくることはどの企業にとっても喫緊の課題となっている。倒産した大企業の末期を分析してみると、官僚主義が跋扈《ばっこ》し、社員の生産性が著しく低下していたことがよくわかるが、企業にとっては「そうなる前に手をうつ」ことが何よりも大切なのである。

ではどのようにしたら生産性の高い組織をつくることができるのだろうか。

その鍵になるといわれているのが、職場における「心理的安全性」の確立だ。

日本企業でも「働き方改革関連法」の施行とともに生産性の向上に向けた取り組みがはじまり、盛んに研修やセミナーなどが行われているが、最近ではこうした場で「心理的安全性」という概念が紹介されることも増えてきた。

1999年、チームにおける心理的安全性と生産性の関係を初めて実証したのが、ハーバードのエイミー・エドモンドソン教授（Amy C. Edmondson）だ。エドモンドソン教授はその論文の中で「心理的安全性」を「チームメンバーがお互いに『このチームでは対人リスクをとっても大丈夫だ』と信じている状態」[*1]と定義している。

もう少しかみくだいていえば、「上司にも部下にも思ったことを忌憚《きたん》なく言える雰囲気」のことだ。心理的安全性が確立されているチームの生産性は極めて高いが、対照的にいわゆる「忖度《そんたく》」がはびこるような職場の生産性は著しく低いことがわかっている。

エドモンドソン教授の研究がにわかに脚光をあびることになったのは、2016年。グーグルが「プロジェクト・アリストテレス」の研究結果を公表したことだ。この研究プロジェクトの目的は「結果を出すチームをつくるにはどうしたらいいか」という問いに対する答えを見つけ出すこと。[*2]グーグルが研究した結果、結果を出すチームをつくるには、個々のチームメンバーの経歴やスキルはそれほど重要ではなく、心理的安全性の創出こそが不可欠だということがわかったのだ。

「失敗を報告したら罰せられる雰囲気」が社員を萎縮させる

エドモンドソン教授は2019年、心理的安全性に関する研究をまとめた著書『恐れのない組織：職場に学習力・イノベーション・成長をもたらす心理的安全性の創出』[*3]を出版した。エドモンドソン教授は「恐れ」には2つの種類があるという。

1つは「健全な恐れ」。納期を守れるだろうか、競合に勝てるだろうか、このレベルの品質を実現できるだろうかなど、チームが学習し、成長するためにも必要な恐れのこと。もう1つは「不健全な恐れ」。すなわち人間関係に関わる恐れのことだ。この恐れは「他人からどう思われているだろうか」を過剰に心配することから生じるもので、社員の行動に多大な悪影響を及ぼす。「不健全な恐れ」が蔓延した組織では、社員は萎縮し、新しいことを提案したり、リスクをとったりすることができなくなる。

エドモンドソン教授はこの「不健全な恐れ」を取り除くことが心理的安全性を創出するために不可欠だという。

「著名な経営学者のウィリアム・エドワーズ・デミングは『結果を出す組織をつくるための14のポイント』を提言していますが、その8番目に『組織から恐れを取り除く』を挙げています。[*4] 私も同感です。人は不健全な恐れを抱くと、学習できないし、成長もできません。日本流にいうならば、カイゼンもできないのです」

結果を出すチームがつくれるかどうかは、チームリーダーのリーダーシップにかかっている。同じ会社の中でも生産性の高いチームと低いチームがあるが、その違いはいかにリーダーが「言いたいことを言っても罰せられない雰囲気」「失敗を報告しても減点されない雰囲気」をつくっているかどうかだ。

エドモンドソン教授の著書の中でグーグル、ピクサー・アニメーション・スタジオ、トヨタ自動車などと並んで「心理的安全性」を創出した事例として紹介されているのが、東京電力福島第二原子力発電所（以下、福島第二原発）を救った「チーム増田」の事例である。増《ます》田尚宏《だなおひろ》所長（当時）をトップとする約500人の「チーム増田」が一丸となりメルトダウンを食い止めた偉業は、ハーバードでも絶賛され、授業で教えられてきた。[*5] エドモンドソン教授は言う。

「私が注目したのは、どんな状況に対しても謙虚に向き合い、柔軟に対応した増田所長のリーダーシップです。福島第二原発の事例は、リーダーが極限状態においても心理的安全性を創出することができる好例だと思いました」

福島第二原発を救った「チーム増田」

では増田所長はどのように心理的安全性を創出していたのか。それを分析する前に震災当時、福島第二原発で何が起こっていたのか、あらためて振り返ってみたい。

２０１１年3月11日。東日本大震災が発生し、福島にある2つの原子力発電所は危機的状況に直面していた。

福島第一原子力発電所では津波による浸水で、稼働していた1号機、2号機、3号機が電源を喪失。核燃料を冷却できなくなり、メルトダウンを起こした。また1号機と3号機、4号機で建屋が水素爆発。水素、放射性物質が漏洩する大事故へと発展した。[*6]

当時、ほとんど報道されていなかったが、実はそこから約10キロメートル離れた福島第二原発も同じく深刻な被害を受けていた。原子炉4基のうち3基（1号機、2号機、4号機）が冷却機能を喪失。メルトダウンを起こす寸前の状態だったのである。しかし、第二原発では、原子炉格納容器の最大圧力が基準値を超えると予測された2時間前に、冷却システムの復旧に成功し、危機を免れた。

福島第二原発ではどのようにして未曽有の危機を回避したのか。当時の出来事を時系列にまとめると、次のようになる。[*7]

〈3月11日〉

- 午後2時46分　地震発生。緊急時対策員が緊急時対策センター（ＥＲＣ）に集合。
- 午後3時22分　津波が押し寄せる。外部からの電源4回線のうち3回線を喪失。原子炉の冷却に必要な電源盤のほとんどが機能を喪失。
- 午後6時33分　増田所長、原子炉4基のうち3基（1号機、2号機、4号機）が冷却機能を喪失と判断。
- 午後10時頃　作業員が現場に向かい、損傷確認。

〈3月12日〉

- 早朝　2号機が最も危険な状況に。増田所長は、2号機を最優先に、放射性廃棄物処理建屋からの電源ケーブル敷設ルートを決める。
- 日中　調達したケーブルが届く。２００人[*8]の作業員による人海戦術でケーブルの敷設開始。

〈3月13日〉

- 早朝　増田所長は放射性廃棄物処理建屋を起点に1号機、2号機、4号機へとすべてのケーブルを敷設するのは困難と判断。3号機からもケーブルを敷設することを決断。
- 日中　1号機が2号機よりも危険な状況にあることが増田所長に報告される。1号機を最優先にケーブル敷設ルートを見直す。

〈3月14日〉

- 午前0時頃　ケーブル敷設作業終了。
- 午前1時24分　1号機の冷却機能復旧。
- 午前7時13分　2号機の冷却機能復旧。
- 午後3時42分　4号機の冷却機能復旧。

〈3月15日〉

・午前7時15分　1号機から4号機まで、すべての原子炉で冷温停止を達成

原発事故を防ぐ3原則は「止める」「冷やす」「閉じ込める」。福島第二原発では、最初に「止める」ことには成功したが、「冷やす」ための電源が喪失していた。1号機、2号機、4号機に電気を送るためには、残された2つの電源からケーブルを敷設して、冷却機能を復旧させなければならなかった。冷却できなければ、メルトダウン、放射性物質漏れ、という最悪の状況に陥る恐れがあった。

増田所長と作業員は、冷やすための設備がすべて失われてしまうなど、刻々と目の前の現実が変化する中、作業の優先順位を確認していった。

ケーブルは1本の長さが200メートル。重さは1トン以上もある。200人の作業員たちは、それぞれケーブルを2メートル間隔で持ち、数百メートルの距離を運んでつなぐ作業を、ひたすら続けていった。12日の昼間から13日の深夜まで、不眠不休で作業を続け、最終的には長さ9キロメートルものケーブルを運んでつないだ。通常なら重機を使っても1カ月はかかる作業だ。それを人間の力だけで1日半でやり遂げた。

3月15日午前7時15分、すべての原子炉で冷温停止を達成。それは原子炉格納容器の最大圧力が基準値を超えるわずか2時間前のことだった。

メルトダウンは寸前のところで食い止められた。

「チーム増田」がまさに日本を救ったのである。

航空機事故や医療事故の要因となる「心理的安全性」

福島第二原発の事例は模範例として紹介されているが、反対にリーダーが心理的安全性を創出できなかったがために人の命が失われてしまった事例もある。

エドモンドソン教授は次のように説明する。

「ある病院で、『医師が間違った投薬をしているのではないか』と疑問に思っていた看護師が、その事実を上司である医師に指摘できず、患者が死亡してしまったという事故[*9]がありました。なぜこんなことが起こってしまうのか。看護師は、『万が一間違った投薬をしていた場合、起こりうる事態』を割り引いて考え、『医師に問題を報告した場合に起こりうる事態』のほうが今の自分にとっては重要だと考えてしまったからです。

また航空機のコックピット内でも、同じような現象が多発[*10]しています。航空機の墜落事故は機長が操縦桿を握っているときのほうが起きやすいといわれていますが、その要因は、副操縦士が目の前にある危機よりもコックピット内の序列を重視し、機長が間違った操作をしていてもはっきりと異議を唱えられないことです」

　なぜこのような悲劇が繰り返し起こってしまうのだろうか。エドモンドソン教授はその理由をこう分析する。

「人間には、将来起こりうる可能性を割り引いて考える習性があるからです。つまり人間の頭は、未来よりも現在を優先して考えてしまうのです。今、起きていることは『明白な現実』ですが、未来は『不確実で漠然とした可能性』でしかありません。これが、未来に対してより楽観的に考える『希望的観測』を生むのです。つまり、『今、ここで問題を指摘しないことが、将来、甚大な被害をもたらす確率』を低く見積もってしまうのです。人の命を優先すべきなのは明らかなのに、目の前の人間関係を優先して行動してしまう。これが人間の習性です」

　この人間の習性を理解した上で、チームメンバーが不健全な恐れを抱くことなく、それぞれの能力を発揮できる環境を確保するのがリーダーの重要な役割なのだという。エドモンドソン教授は続ける。

「繰り返しになりますが、人間は非合理的な決断をする存在です。顧客に対するサービスを向上させることよりも上司からの評価を優先してしまいますし、患者や乗客の生死に関わるような状況でも職場の上下関係を優先してしまうのです。人間は、『どうやったらうまく印象操作ができるのか』を常に考えています。無意識のうちに『周りの人たちからの印象をコントロールしたい』と思ってしまうのです。『自分はどう思われているか』という懸念が人間の頭から消え去ることはありません」

一方、福島第二原発では、極限状態の中でも「心理的安全性」が確立されていた。エドモンドソン教授は言う。

「『チーム増田』のメンバーは『こんな報告をしたら上司や同僚にどう思われるか』などと心配することもなく、増田所長に問題を報告し、事態を打開するためのアイデアも提言し、迅速に行動していきました。これはまさに増田所長が、すべてのメンバーに正しい優先順位を示したからだと思います」

増田所長が実践したリーダーとしての正しい行動

では福島第二原発ではどのように心理的安全性が確立されていたのだろうか。

エドモンドソン教授は著書『チームが機能するとはどういうことか』の中で「心理的安全性を高めるためのリーダーの正しい行動」として、次の8点を挙げている。[*11]

1. 直接話をしやすい雰囲気をつくる
2. 自分が今もっている知識の限界を認める
3. 自分もよく間違うことを積極的に示す
4. メンバーの意見を尊重する
5. 失敗を罰せずに学習する機会であることを強調する
6. 具体的ですぐに行動に移せる言葉を使う
7. 「やっていいこと」と「やってはいけないこと」の境界線をはっきりさせる
8. 「やってはいけないこと」をやってしまったメンバーには公正に対処する

増田所長はいかに心理的安全性を確立したのか。右の8点を軸に、増田所長にインタビューし、震災前から震災後に至るまでの行動を振り返っていただいた。

1．直接話をしやすい雰囲気をつくる

実はこれ、本当に震災前から心がけていたことだったんです。福島第二の所長室の扉はいつも開けっ放しにして誰でもトコトコ入ってきていいようにしていましたし、菓子折をいただいたときなんかは現場に行って、歩きながらお菓子を配っていましたね。会議でも発言しにくそうな人がいると、その人を名指しして「お前、どう思ってるんだよ。なんだか不満がありそうじゃないか」って少しちょっかいをかけるようにして発言を促したりしていました。

あとは、「どうせ俺の責任でやるんだから、皆が良いと思ったことを提案して」というのは口癖のように言っていましたね。本当にそうですから。

震災後、第二のみんなから「どんなに忙しくても自分たちが報告しにいくと所長は『了解、ありがとう』と必ず言ってくれた」と言われました。自分では全く覚えていないし意識もしていなかったのですが、「『了解、ありがとう』っていう言葉は本当によかった」と口々に言われましたね。

2．自分が今もっている知識の限界を認める

これは今も意識してやっていることなのですが、現場の人間に対しては「お前、その分野のプロだろ。お前はどう思ってんだよ」ってよく聞きます。

震災のときも同じように聞いていました。福島第二には20年、30年、ずっとそこで育ってきた人たちがいるわけです。私より詳しい人もたくさんいましたから。でも、「俺は現場のことは知らないから、お前らの好きにやれ」とは言わなかったですね。そう言ってしまうと責任を現場の人間に押し付けるような感じになってしまうので。「最後はみんなの意見を聞いて、所長が決めた」という形に見せることはとても重要だったと思います。

3．自分もよく間違うことを積極的に示す

震災のときは「ごめん、間違った！」という言葉を確かに何回も言いましたね。しかもわざと大きな声で。特に「ごめん」は、マイクを使わなくてもみんなに聞こえるくらいでかい声で言っていました。

こんな大変なときに「お前の情報が少なかったから、判断、間違ったじゃないか」なんて部下を責めてもしょうがないし、結局は私の責任なんですから。「わりい、わりい、ちょっ

と勘違いしてたよ。ごめん！」ってよく言ってましたね。

4．メンバーの意見を尊重する

震災のときはずっとペットボトルの水を使っていて、不便だったんです。そこで給水車の水を入れて、蛇口から水が出るようにしようと考えて、所管グループに提案しました。すると20代の若い女性スタッフが「どんな水かわからないから、配管が汚れて使えなくなる恐れがあります。後々苦労しますから今は入れるのをやめましょう」と言ってきました。私は一刻も早く蛇口から水が出るようにしたかったのですが、彼女は建築の専門家でしたから「建築のプロが言うなら、そうか」と思って給水車の水を入れるのをやめましたね。同じようなことが他にもありました。

5．失敗を罰せずに学習する機会であることを強調する

「どこから水が漏れているか、見てこい」と言ったのに「そこまで近寄れなかったので見てこられませんでした」というようなことはたくさんありました。震災時、指示したことをできなかったからといって、部下を責めることはしなかったですね。「そうか、しょうがねえな。了解、ありがとう」っていう感じで。

なぜかというと私も現場の被害状況がよくわからない中、できない可能性はあるのを承知で指示しているからです。

最も大きな混乱は、3月13日の日中に起きました。私たちは電源を喪失していた1号機、2号機、4号機を評価して「2号機が最も危険だ」と判断し、2号機の電源を最優先で回復しようとケーブル敷設作業を夜通し続けていました。

ところが途中で評価チームが「すみません。計算が変わってきましたので、1号機が先です」と言ってきた。

現場が大混乱になることはわかっていたんですが、「なんで早く言わなかったんだ」みたいなことは言わなかったですね。班長には「さっさとケーブル敷設ルートを見直して、現場に指示して」とは言いましたけれど。

6．具体的ですぐに行動に移せる言葉を使う

普段だったら、部下に考えてほしくてあえて具体的な指示をしないこともありましたが、震災時は全部具体的に、詳細に指示を出しました。

私の下には13人の班長がいたのですが、基本的にはすべて班長経由で指示を出していました。たとえば「『ケーブルをどこからどこまでひくか』『何メートルひくか』『何人で作業するか』をチームで決めて、報告してくれ」というような指示を班長に出していました。

7．「やっていいこと」と「やってはいけないこと」の境界線をはっきりさせる

これは明確に示しました。私が震災時に所員に対して怒ったのは、余計なことをやったときです。「あそこの現場に行ったら汚れてたんで、ついでに片付けてきました」と言ってきた人には、「そんな暇ねえだろ。他にやることいっぱいあるのに何やってんだよ」と怒りました。

理由は2つあって、1つは限られた人数しかいないんだから、全員が電源を復旧させるために動かなくてはならなかった。余計なことをする余裕なんてないんです。

もう1つは、安全です。私の理解している現場と違う現場がどこかにできていたら、次に指示したときに怪我しちゃうかもしれないじゃないですか。止まっているはずなのに急に動いているとか。

通常時と非常時とは違うと思いますが、震災時には特に「やってはいけないこと」を明確

に示しました。

8．「やってはいけないこと」をやってしまったメンバーには公正に対処する

この項目に直接、あてはまるかどうかはわからないですが、震災が起きたときすぐに「第二全体がパニックに陥ってはいけない」と思いました。

それでいちばん最初に第二のみんなにお願いしたのは「帰らないでくれ」です。1人、2人と帰していくと、第二が大混乱に陥ると思いました。

ありがたいことに全員残ってくれたんですが、中には自分を見失ってしまう人もいました。余震のたびに「キャーッ」と叫んでしまう人もいたし、福島第一のことばかり気にして「福島第一が危ない、危ない」って言ってまわる人もいたし、何を言われても頭が真っ白になって、何もできなくなっている人もいました。

余震のたびに騒いでいた人たちに対しては「黙ってろ！　お前がそこでガタガタ言ってると周りが動揺するだろ」って怒ったし、福島第一のことばかり気にしていた人たちには「今、第一の話をしている場合じゃないだろ。自分の仕事をやれ」と言いました。

頭が真っ白になってしまった人たちには、「俺が言ったことを復唱してみろ」と言って復

唱させてから、「それをやってこい」と言ったりしました。

このように増田所長の行動を8つの観点から分析してみると、無意識のうちに心理的安全性を創出するような行動をとっていたことになる。

それにしても福島第二原発は所長をトップとする伝統的なピラミッド組織だ。「医師に間違っていると言えなかった看護師」「機長に真実が伝えられなかった副操縦士」の事例のように、増田所長に忖度して「言いたいことが言えない」「都合の悪い真実を伝えられない」部下はいなかったのだろうか。増田所長は振り返る。

「『自分の身内が津波で流されて、今どこにいるかわからない』とか、『私、持病があって薬がなくなって困っています』『ここ、怪我してしまいました』というようなことは私に伝えてくれなかったですね。でもこれは忖度ではないですよね」

これは上司を恐れたというよりもむしろ、増田所長がリーダーとしての務めを果たせるよう、余分な情報をあえて伝えなかったというほうが正しいだろう。

また「上司に悪いニュースを伝えたくないため、楽観的な数字を伝える」ということも一切なかったという。原子炉の状態などを表す測定データは、逐一所長に伝えられていた。その記録を実際に見せてもらったが、手書きの数字がびっしり並んでいて、いかに所長に客観的な情報を正確に伝えようとしていたかがうかがえる内容だった。しかもこの報告は日に日に洗練されていったという。増田所長は続ける。

「とにかく私が一目で見てわかるように書かれていました。確実に私にすべてを理解させて、判断させようという思いが伝わってきましたね。初日から『福島第二原発の〝見える化〟』の工夫がどんどん進んでいって、本当にすごいなと思いました」

「チーム増田」の事例は、グーグルのような組織ではなく日本型の組織であっても、心理的安全性を創出し、生産性の高いチームをつくることができることを教えてくれる。

リーダーシップの基本は一人ひとりを思いやること

2014年にハーバード・ビジネス・レビューに論文が掲載されて以来、「チーム増田」の偉業は世界に知れ渡り、増田さんのもとには今もアメリカやヨーロッパの電力会社から講演依頼が寄せられている。海外で講演すると、「具体的にどう指示したのか」「なぜ一人も帰宅せずに一丸となって危機を乗り切れたのか」といった質問をよく受けるという。

増田さんは、2018年、東京電力ホールディングス副社長に就任。2019年1月より日本原燃の社長をつとめている。

増田さんが今、社長として心がけているのは、できる限り現場に足を運ぶことだ。週に1回は現場に行って、若手社員の意見を聞くようにしている。

現場の人たちにやる気になってもらうには一人ひとりを知ることが大切だということを、福島第二原発での経験から知っているからだ。

震災前から増田さんは、福島第二原発で働いている所員全員の顔と名前を覚えていた。それが緊急時に仕事を割り振るときにとても役立ったという。3月11日からの4日間は、誰がどこで何をやっているか、すべて頭に入れて、指示を出していた。

「私は自分の部下は全員家族だと思っていますし、この会社の管理職にもそう思ってほしいと思っています。自分の子どもだと思えば、『怪我しないようにするにはどうしたらいいか』『独り立ちさせるにはどうしたらいいか』と考えるでしょう。これを管理職全員がやってくれれば絶対良いチームになります。これがいちばんのマネジメントだと思っているんです」

福島第二原発をともに救った「チーム増田」のメンバーとは今も連絡をとりあっているという。

最大の危機を脱した5日目、自席に戻ると、席のすぐ近くには、缶詰の上に段ボール箱を敷いた簡易ベッドがつくってあった。そこには「所長のベッドをつくりました。ごゆっくりお休みください」というメモが置いてあった。そのメモは今も大切に持っている。また震災時、所長には潤沢にペットボトルの水を渡し、自分たちは2人で1本の水を分け合っていたことも後から知った。心理的安全性はお互いに思いやる気持ちがあって創出されていたのだと実感する。増田さんは言う。

「いちばん気にかけているのは第二のみんなの心のケアです。これはあまり知られていないかもしれないですが、PTSD（心的外傷後ストレス障害）に苦しんでいた人たちがたくさんいたのです。第二のみんなのことを忘れたことはありません」

かつての部下のことを今も思いやる。これこそリーダーシップの基本ではないだろうか。

トヨタはいかに世界の人々の考え方を変えたか

学生の記憶に強く残るトヨタの事例

ハーバードの学生に「どの日本企業の事例が印象に残りましたか」と質問すると、必ず名前が挙がるのがトヨタ自動車だ。

なぜこれほどまでトヨタの事例は強く記憶に残るのか。アメリカ人学生のギャビン・オーシャックさんは次のように話す。

「トヨタが優れた企業文化を創出し、高品質の製品をつくりあげていることに触発されない学生はいないと思います。

トヨタから学んだのは、『失敗』を『人間』と切り離して考えることです。『どうしてこんな失敗をしたんだ』と責めるのではなく『どこが問題ですか。一緒に考えましょう』というのは、アメリカの会社では考えられないことです。上司とか部下とか関係なく、問題をみんなで解決する。トヨタには現場から役員まで忌憚なく意見を言い合い、社員がイノベーションを起こすことを歓迎する文化があります。この企業文化をつくりあげたことはすばらしいと思います」

シンガポール出身のペリー・チュンさんはトヨタ生産方式が自動車業界だけではなく他の業界の企業にも取り入れられていることに特に興味をもったという。「トヨタ生産方式を使って、社外の会社のオペレーションを支援しているところが面白いと感じました、トヨタにはトヨタ生産方式の理念を社外に広めるための部署もあると聞きました。トヨタはとてつもなく成功している企業ですから、その理念から世界の人々が学ぶべきことはたくさんあると思います」と語る。

世界の工場に「秩序」をもたらす

学生の中でも製造業出身者はことさらトヨタ生産方式について熱く語ってくれる。インド人学生のアディ・ラグナサンさん（Adi Raghunathan）は、ハーバード入学前からトヨタ生産方式に大きな影響を受けてきた一人だ。

ラグナサンさんはインドの大学卒業後、世界最大の農業機械メーカー、ディア・アンド・カンパニーのインド支社、ジョン・ディア・インディアに就職した。そこで新人研修で使われていたのが、『ザ・トヨタウェイ』[1]という本だった。ラグナサンさんは言う。

「ジョン・ディアで最初に教わったのがトヨタ生産方式です。ジョン・ディアの工場でも日々のオペレーションで使われていました。インドで『ザ・トヨタウェイ』はエンジニアのバイブルのような存在だったのです」

ラグナサンさんはその後、ミシガン大学大学院に留学。さらにトヨタ生産方式についての知識を深める。卒業後はアメリカの自動車メーカー、テスラに就職した。配属されたのはかつてゼネラルモーターズ（GM）とトヨタによる合併会社ニュー・ユナイテッド・モーター・マニュファクチャリング（NUMMI《ヌーミ》）が、1984年から2009年まで使用していた工場だった。

「私がテスラに就職したとき、工場にはアンドン・コード、ベルトコンベヤー、床のマーキングなどが残ったままでした。それまでトヨタ生産方式についてずっと学んできたので、その工場に初めて足を踏み入れたとき、『これが本家本元か』と感激しました」

テスラではそれまで学習してきた知識をフル活用。ラグナサンさんが最初に担当した仕事は、工場全体の「物と情報の流れ図」[2]（バリューストリームマップ）をつくることだった。

「テスラにはグーグル、アップル、ボーイングなどから転職してきた人も多く、当初は皆がそれぞれのやり方で仕事をしている印象でした。トヨタ生産方式はそこに全体的な秩序をもたらすのに貢献したと思います」

ラグナサンさんはテスラでどんどんリーダーシップを発揮していく。トヨタから得た学びは、リーダーとして成長していく上でとても役に立ったという。

「テスラでは6人のチームのリーダーでした。特に若いエンジニアにはトヨタ生産方式を教えました。『現地現物』[*3]『平準化』[*4]『5S』[*5]『プルシステム』[*6]『バリューストリームマップ』など基本コンセプトをすべて教えました。これらはメンバーが自分で考えて、行動する際の指針になったと思います。また人の力を引き出すことの大切さを教えてくれたのもトヨタです」

ラグナサンさんは2019年にハーバード大学経営大学院に入学。卒業後はベンチャー企業で自動運転の開発に携わりたいという。

「ハーバードが授業でトヨタ生産方式を取り上げてくれたのは素直にうれしいです。できればクラスメートにはトヨタの生産現場を実際に見てほしいと思います。トヨタ生産方式は現場で働くエンジニアや技術者の人生をより充実したものにしてくれました。トヨタが世界中の人々にとって役立つ指針をつくってくれたことに感謝したいです」

トヨタは間違いなく、ハーバードの学生に大きな影響を与えているのだ。

トヨタの真似をしてもトヨタになれない

ハーバードの必修授業「テクノロジーとオペレーションマネジメント」で使われているのは『トヨタ・モーター・マニュファクチャリング・USA』[*7]という教材だ。1992年に出版された教材は今も世界中の経営大学院で広く活用されている。

この教材の主人公はケンタッキー州ジョージタウンにあるトヨタの工場の組立ライン担当マネジャー。カムリに取り付けるシートの不良問題に直面し、残業が続いていて困っている。ラインの横には不良シートがついた車両やシートが組み付けられていない車両がどんどん増えていくばかり。この問題をいったいどのように解決すればいいのか。学生は自分がこのマネジャーだったらまず何をするか、それはトヨタ生産方式にのっとっているか、などをテーマに議論していく。

教材の末尾には「トヨタ用語集」がついており、「アンドン」「平準化」「自働化」「改善」「かんばん」といった言葉の意味も理解しながら、それぞれの背景にある「考え方」について深く学ぶ。

北米でトヨタ生産方式を応用した改善活動の支援に取り組む「トヨタプロダクションシス

テム・サポートセンター」(TSSC)[*8]のバイス・プレジデント、ジェイミー・ボニーニさん(Jamie Bonini)は、トヨタ生産方式の専門家としてたびたびハーバードを訪れ、教授陣や学生と意見交換をしてきた。

なぜこの教材はこれほど長くハーバードで教えられているのだろうか。ボニーニさんは次のように分析する。

「『トヨタ・モーター・マニュファクチャリング・USA』がベストセラーになっている理由は主に2つあると思います。1つはオペレーションの本質をわかりやすく伝えていること、そしてもう1つが、ハーバードやMITなど、アメリカを代表する経営大学院で『トヨタ生産方式はオペレーションマネジメントの基本だ』と考えられてきたことです。いかに効率的に生産するかを教えるのにこれほど適した教材はありません」

これまでの著書でも述べてきたとおり、ハーバードの教授陣が授業で熱心に教えているのは、トヨタの社員に浸透している考え方だ。インタビューでも、アメリカの自動車メーカーやインドの工場など、様々な事例を挙げながら、「トヨタ生産方式を表面的に真似してもトヨタにはなれないのです」と語っていたのが印象的だった。

トヨタの生産方法そのものは世界中に公開されているし、生産工場も見学することができる。やろうと思えば表面的に真似るのは可能だ。アンドン、かんばん、音楽など象徴的なものを取り入れて、トヨタのような効率的な生産を実現しようとした企業は枚挙にいとまがない。ところがその多くが失敗に終わっている。というのも、トヨタ生産方式はその基本となる考え方を全社員が共有していなければ実現できないものだからだ。

ボニーニさんは２０１８年にもハーバードに招かれ、必修授業に参加。授業終了後には質疑応答の時間が設けられ、３００人もの学生が参加した。そこでも「なぜトヨタ生産方式はコピーできないのか」という質問を受けたという。ボニーニさんはその問いに対して次のように説明した。

「トヨタ生産方式は相互に関連する3つの要素で成り立っています。1つは顧客主義、現地現物主義といった『フィロソフィ』、2つめがアンドンやかんばんなどの『技術的なツール』、そして3つめが問題を解決できる人間を育てるマネジメントです。[*9]目に見える技術的なツールは3つのうちの1つでしかないので、それだけを導入しても実現できないのです。トヨタ生産方式は、フィロソフィ、技術的なツール、マネジメントの3つがそろってはじめて実現できるものなのです」

では、そのトヨタ生産方式の根底にある「考え方」とはどのようなもので、それを実現するためにトヨタの社員や役員はどのようなことを実行しているのだろうか。

失敗を先に報告せよ

前出のオーシャックさんが述べているとおり、ハーバードの学生が特に驚くのは「失敗を先に報告せよ」「失敗は財産である」という考え方だ。

その理念を最もわかりやすく示しているのが「アンドン」だ。アンドンとは異常が発生したら、即時に関係者が知ることができるように、工場内に設置された「電光表示盤」のこと。アンドン・コードと呼ばれるひもをひっぱると、持ち場を示す番号のところに明かりがつく仕組みだ。トヨタの従業員は、現場で不具合が生じたり、何か失敗してしまったりしたら、すぐにアンドン・コードをひっぱって、チームリーダーに報告しなければならない。ハーバードの授業では、この「アンドン」の背景にある考え方を深く学んでいく。

さらに近年、トヨタの事例は「心理的安全性」の観点から教えられることも多くなってきた。「心理的安全性」の大家である前出のエイミー・エドモンドソン教授は言う。

「トヨタには失敗や問題をすぐに報告する文化があります。これは心理的安全性があるからこそできることなのです。トヨタの企業文化の根幹には、心理的安全性があり、それがカイゼン活動を推進し、高品質の車をつくることにつながっています」

前述のとおり「心理的安全性」という概念が注目されたのは2016年にグーグルが「プロジェクト・アリストテレス」の研究結果を公表してからだが、トヨタはその何十年も前から「心理的安全性」を重視した企業文化をつくってきたのだ。

ではトヨタではどのように「心理的安全性」が創出されてきたのだろうか。ここではアメリカの事例をもとにお伝えしたい。

トヨタが本格的にアメリカで生産を開始したのは1984年。カリフォルニア州にGMとの合弁会社、NUMMIを設立したのがはじまりだ。

1986年にはケンタッキー州に、トヨタ単独の車両生産拠点としてトヨタ・モーター・マニュファクチャリング・USA（現トヨタ・モーター・マニュファクチャリング・ケンタッキー、以下、TMM）を設立。1988年にはカムリの生産を開始した。

NUMMIでもTMMでも、トヨタの日本人社員や役員が最も苦労したのは、アメリカ人がなかなかアンドンのひもを引いてくれなかったことだった。当時、NUMMIで指導にあたった若生豊彦さんは次のように語っている。

「アメリカ人はアンドンを引かないんですよ。アンドンとはトヨタ生産方式のひとつで、何かあったら、作業者がヒモを引いて、ラインを止めるんです。不良品が出ないように、その場で直す。ところがアメリカでは現場の人間がラインを止めるとクビになるんです。だから、なかなかアンドンを引こうとしない[*10]」

ＴＭＭの張富士夫社長[*11]（当時）も、アンドン問題に直面した一人だった。ケンタッキーの工場でもやはりアメリカ人は解雇を恐れてなかなかアンドンのひもを引いてくれなかった。これには現場の日本人社員も困りはてていた。

そこで張社長がつとめて実行したことがある。それは、社長自らアンドンのひもを引いた人のところに行って、「サンキュー」と声をかけることだった。叱責することは一切せず、ニコニコしながら肩をたたいて「サンキュー」と。張社長の行動はアメリカ人の考え方を大きく変えた。社長が「サンキュー」と言うなら、まず解雇されることはないからだ。

こうした日本人役員、社員らの努力の積み重ねで、トヨタの工場では「失敗を先に報告する」文化が醸成されていった。

１９９１年にＴＭＭに入社し、溶接部門に配属されたミシェル・トーマスさん（Michele Thomas）[*12]は、最初にアンドンのひもを引いたときのことをこう振り返る。

「当時は現場に女性社員がほとんどいなかったこともあり『女性だからできないと思われたくない』『周りの人に迷惑をかけたくない』という一心でした。ですから最初にアンドンのひもを引かなくてはならなかったときは、『どうしよう。今、アンドンのひもを引いたら、この人もこの人もがっかりさせてしまう』と思いました。でも実際に引いてみたら、上司は『正しいことをやったんだから、恥じることなんてない』と言って、一緒に問題解決をしてくれました。そこからは気持ちがとても楽になりましたね」

トーマスさんにはTMM時代、忘れられない思い出がある。それは年末になると社長が工場に足を運び、社員全員にあいさつをしてくれたことだ。

「社長が現場に来てくれるなんて感激しました。張社長、北野社長他、歴代の社長は皆、私たち社員一人ひとりに、『メリークリスマス』『ハッピーホリデーズ』と言いながらお菓子を手渡してくれました。その後、握手もしてくれたんです。そのとき何だか社長と気持ちが一つになったような気がしました。今でもケンタッキーの工場ではその伝統が続いています」

心理的安全性は一朝一夕に創出されるものではない。一つひとつのコミュニケーションの積み重ねで実現していったものなのだ。

トヨタの心理的安全性を創出する企業文化は製造の現場だけではなく、あらゆる部門に浸透している。それは最新の組織でも例外ではない。

トヨタ・リサーチ・インスティテュート（ＴＲＩ）のＣＥＯを務めるギル・プラットさん(Gill A. Pratt)は、トヨタの企業文化に共鳴し、アメリカの研究機関からトヨタに転職した。ＣＥＯとして実践しているのはまさに「失敗を先に報告してもらうこと」だ。

プラットさんは言う。

「ＴＲＩのメンバーにはことあるごとに『先に悪いニュースを報告してください。失敗したからといって恥じることはありません。私と一緒に解決していきましょう』と言っています。これは一般的なアメリカ企業とは異なるやり方であることは承知していますが、ＴＲＩでは『透明性』と『信頼』を何よりも大切にしています」

とはいうもののこれまで述べてきたとおり、アメリカの組織でこうしたトヨタの考え方を浸透させるのは容易なことではない。そのためプラットさんは時間をかけて取り組んでいきたいという。

「人間にとって上司に正直にものを言うというのは自然なことではないですし、誰でも失敗したら『恥ずかしい』『隠したい』と思うのは当然のことです。ところが失敗が報告されないことは企業にとっては生産的ではありません。ではマネジメントは何をすればいいのか。自分のチームメンバーを信頼し、任せることです。これは私自身、豊田章男社長やトヨタのマネジメントチームから学んだことです」

トヨタの心理的安全性を創出する企業文化は、確実に新しい組織にも浸透しつつあるのだ。

トヨタは「両利きの経営」の模範だ

イノベーション論の大家、ハーバードのクレイトン・クリステンセン教授は、日本経済が停滞しているのは「イノベーションのジレンマ」に陥っているからだという。「イノベーションのジレンマ」とはいわゆる大企業病のこと。優良企業が優良企業であるがゆえに、失敗してしまうことだ。それまでの成功体験にとらわれて、既存の製品・サービスの性能向上を目的とした持続的イノベーションや効率化を進めるためのイノベーションばかりに注力してしまうと、あるとき「破壊的イノベーション」を起こした新興企業に負けてしまう――こうした現象が今、次々と起きている。

クリステンセン教授は、「1990年以降、日本で起こった唯一の破壊的イノベーションは任天堂のWｉｉしかない」[*13]と言い、トヨタについても、「カローラなど、最高水準の性能をもつ小型車を開発して以降、破壊的イノベーションを生み出していない」[*14]と指摘している。

大企業が「イノベーションのジレンマ」から脱却するためにはどうしたらいいか。その具体的な解決法を示したのが、ハーバードのマイケル・タッシュマン教授（Michael L. Tushman）とスタンフォード大学経営大学院のチャールズ・オライリー教授の共著『両利きの経営』だ。

「両利きの経営」とは同じ組織の中で「新領域の探索」（explore）と「成熟事業の深化」（exploit）を両輪でまわしていく経営手法のこと。タッシュマン教授とオライリー教授はその実践法として、「新領域の探索」を行う部門と「成熟事業の深化」を行う部門を構造的に切り離し、経営者がその両方を同じぐらいの重要性をもって管理することを提唱している。たとえば新聞社でいえば、「新領域の探索」を行うのはオンライン部門や新規事業開発部門、「成熟事業の深化」を行うのは、従来の紙の新聞に関わる部門となる。

タッシュマン教授は、「イノベーションのジレンマ」の解決法については様々な考え方があるという。

「『イノベーションのジレンマ』の著者であるハーバードのクレイトン・クリステンセン教授は、同じ組織の中で新領域の探索を行うのは難しいから、独立した別組織で行うこと（＝スピンアウト）を提唱しています。ロンドンビジネススクールのジュリアン・バーキンショー教授とスタンフォード大学のキャスリーン・アイゼンハート教授は、『探索部門』と『深化部門』を構造的に切り離さなくとも、同じ部門内、あるいは、個人のレベルで『探索と深化』を同時に行うことは可能だと主張しています。このように『イノベーションのジレンマの解決法』をめぐっては様々な主張があり、経営者の中には他の学者の理論を支持している人もいますから、アメリカで本書が出版されたとき、少々議論を呼んだのは確かです」

日本で『両利きの経営』は、一般社員から経営者まで広く読まれているが、一部の読者からは、「この本が伝えているのは、結局のところ、企業が存続し、成長できるかどうかは、経営幹部が『両利きの経営』をできるかどうかにかかっているということ。超保守的な経営幹部しかいない会社で、社員はどのように変革を起こせばいいのか、この本を読んでもわからなかった」という声も聞かれる。

これに対して、タッシュマン教授は次のように答えてくれた。

日本企業の中には、組織の深部にまで「探索と深化」を推進する企業文化が浸透していて、一般社員や中間管理職であってもボトムアップで変革を起こせる企業もあります。たとえばトヨタ自動車は、巨大な企業であっても「探索と深化」を両立できることを示す格好の事例です。私の同僚は「トヨタにはタッシュマン先生が提唱するような『両利きの構造』なんて必要ないですよ。社員全員が常に『探索と深化』を実践しているのですから」と言っていましたが、トヨタには、成熟事業の深化だけではなく、新領域の探索を促すための独自の方法があると感じます。

それはＩＢＭのようなグローバル企業とは違った方法です。ＩＢＭは「探索と深化」に基づく「両利きの経営」を実践してＶ字回復に成功した企業ですが、それが行われていたのは上層レベルに限られていました。つまり日本企業にはトヨタのように社員・中間管理職レベルでも「探索と深化」を両方行えて、そこから変革を起こせる可能性があるということです。

なぜトヨタは現場の社員から役員まで「両利きの経営」を実現できるのか。そのヒントは

「トヨタウェイ」にある。

トヨタウェイとは全世界のトヨタで働く人々が共有すべき価値観や手法を示したもの。その2つの柱は、「知恵と改善」(Continuous Improvement) と「人間性尊重」(Respect for People) だ。

「知恵と改善」とは、常に現状に満足することなく、より高い付加価値を求めて知恵を絞り続けること。その具体的な手法として「チャレンジ」「改善」「現地現物」という3点を定めている。

そして「人間性尊重」とは、あらゆるステークホルダーを尊重し、従業員の成長を会社の成果に結びつけること。「リスペクト」「チームワーク」の2点がそれを実現するための基本概念だ。

つまり「新領域の探索」は「チャレンジ」であり、「成熟事業の深化」は「改善」にあたる。トヨタウェイにはすでに「両利きの経営」が織り込まれているのだ。

タッシュマン教授がいう「両利きの経営が一般社員にまで浸透している」とはどういうことだろうか。

アメリカの自動車メーカーからトヨタに転職したスコット・ポーターさん（Scott Porter）[*15]は最初にトヨタ生産方式の工場で仕事をしたとき、前職の職場との大きな違いを感じたという。

「アメリカの自動車メーカーでは、チームリーダーはメンバーに言葉で指導するのが一般的でした。ところがトヨタではリーダーもメンバーも一緒にプロセスを改善していくのです。それはこれまでとは全く違う考え方でした」

前出のミシェル・トーマスさんは、トヨタに入社後、改善案を次々に提案し、社内の「改善賞」を受賞するまでとなった。その動機となったのが、自分には「裁量（オーナーシップ）」を与えられていると感じたことだった。トーマスさんは言う。

「初めて『カイゼン』を実現できたとき、自分の業務プロセスを改善したことが評価されて、『やった！』という感じでした。それから私は改善に夢中になり、ずっと改善ノートを持ち歩いて、気づいたことをメモするようにしたのです。それが目の前の仕事の改善につながったこともあれば、新しいビジネスにつながったこともあります。

トヨタの改善活動からはどんな立場であってもリーダーシップをとれることを学びました。私には変化を起こす裁量が与えられていましたし、提案すれば誰でもリーダーになれました。それはすなわち私たち社員は皆、改善する責任を負っているということです」

TRIのCEO、ギル・プラットさんは、TRIやTRI－AD（トヨタ・リサーチ・インスティテュート・アドバンスト・デベロップメント）でもまさに「探索」と「深化」が行われているという。

「TRIのミッションは革新的な製品につながるケイパビリティ（組織能力）を研究によって見出すことであり、TRI－ADのミッションはTRIの研究成果を実際に形にして、製品にしていくことです。私たちの研究でも、非連続性のイノベーションをめざすものと、既存の製品の延長上のイノベーションをめざすものがあり、それらを同時並行で進めていきます」

プラットさんはトヨタには「私たちの仕事は完成の途上であり、常に改善の余地がある」という基本理念があるからこそ、自然と「探索」と「深化」を同時に行えるのではないか、という。

トヨタ生産方式の理論を構築した第一人者、大野耐一は著書で次のように述べている。

私はいまの情報化時代に生きるには、表面を流れる情報の渦に巻き込まれることなく、とうとうと底流を流れる情報の本質に迫ることが大事なのだと思う。（中略）むろん、肝心なのはシステムではなく、情報を選び解釈する人間の創造力であるが、幸いなことに、トヨタ生産方式はまだまだ完成の途上にあって、全従業員から発案される膨大な量の改善提案によって、日々新たに前進している。[*16]

確かにクリステンセン教授が定義する「破壊的イノベーション」はここ数十年、トヨタから生まれていないかもしれない。しかし、まさに、今、それが生まれようとしているとプラットさんは言う。

「TRI、TRI－AD、ウーブン・シティ（トヨタが静岡県に建設する未来志向の実証都市、後述）では、非連続性のイノベーションを起こすための試みがはじまっています。豊田社長は2つの理由からこのような決断をしたと思います。1つは、自動車業界が『100年に一度』と言われる大変革の時代に直面していること。もう1つは、豊田社長の父親も祖父も曽祖父も『非連続性のイノベーション』に挑戦してきたこと。トヨタのイノベーションの歴史を振り返れば、坂道をのぼっていって、そこからジャンプして、また坂道をのぼり、ジャンプする、という繰り返しであることがわかります。私たちは今、ジャンプをする寸前のところにいるのです」

アメリカ人が共感する「トヨタウェイ」の人間性

トヨタの事例がハーバードの教員や学生の考え方を変えることはすでに述べた。実際、アメリカで勤務するトヨタグループの社員や役員は、なぜ日本で生まれた「トヨタウェイ」に共感し、それを実践しつづけているのだろうか。今回インタビューした4名にそれぞれ聞いてみた。

ミシェル・トーマスさんは勤続29年。まだまだトヨタでやりたいことがあると語る。

「トヨタウェイの『知恵と改善』『人間性尊重』という2つの柱は、『高品質の製品やサービスを届けること』『良き市民であること』の大切さを教えてくれます。

今の私の夢はトヨタで学んだことを生かして、社会に貢献することです。トヨタから受け継いだ伝統を、トヨタの名前をつけて世の中に広めることです。これからもトヨタで学び続け、それを人のために役立て、そして、社会に還元していきたいと思っています」

スコット・ポーターさんはトヨタに入社して20年目。トヨタ生産方式を実践する自分の仕事に終わりはないという。

「私がトヨタウェイから学んだのは、自分自身にチャレンジしつづけることです。ただ体や頭を使って漫然と仕事をするのではなく、常にどうやったらもっと付加価値が出せるかどうか考え、自分の思考の限界にチャレンジすることです」

ジェイミー・ボニーニさんは2002年にトヨタに入社して以来、ずっとトヨタ生産方式を社外に広める活動を続けている。トヨタ生産方式が企業や地域をよりよくしていく様子を目の当たりにしてきた。

「『知恵と改善』は私たちには常に世の中をよりよくすることができるということであり、『人間性尊重』はトヨタの人間だけではなく、社会や環境を尊重することです。このような理念をもつ企業の一員であることを誇りに思います」

2016年にTRIのCEOに就任したギル・プラットさんは、「トヨタウェイ」の本質とテクノロジーの関係について次のように語る。

私はロボティックスの分野に長く携わってきましたので、「人々の仕事は将来どうあるべきか」について深く考えてきました。多くの人たちは「AIとロボットが人の仕事を奪ってしまう」と危惧しています。ところがここで問題となってくるのが「働くことに時間を割かなくてもよくなったら、人間は何に生きがいを見出すのか」という点です。こうした世界において、人々に生きがいを感じてもらえるようなテクノロジーとはどのようなものなのか。それを我々はどのように創出していくべきなのか。

私が今、懸念しているのが多くの企業があまりにもテクノロジーそのものに焦点を置きすぎていることです。「人間が料理をしなくてもいいように、料理ロボットをつくりましょう」というような発想で開発を進めているのです。

でも考えてみてください。料理ロボットに料理をつくってもらって幸せな気持ちになるでしょうか。最初は「時間が節約できた」と思っても、そのうち虚しくなることでしょう。なぜなら人間は家族のために心をこめて料理をつくる過程そのものに幸せを感じるものだからです。

トヨタは人間中心にものごとを考えてきた企業です。どうやったら本当の意味で人々の生活をよりよくできるのかを真剣に考えてきた企業です。そしてトヨタにはそういうテクノロジーを開発できる能力があります。それがトヨタウェイの「人間性の尊重」が意味するところであり、私が心から共感している点です。

トヨタはなぜ街をつくるのか

トヨタは2020年1月6日、「CES2020」の開幕に先駆けてアメリカ・ラスベガスで記者会見を開き、静岡県内に広さ70万平方メートル余りの実証都市を建設し、自動運転、ロボット、AI＝人工知能などに関する技術やサービスの開発に乗り出すと発表した。都市の名前は「ウーブン・シティ」（Woven City）。トヨタの従業員やプロジェクトの関係者をはじめ、2000人程度の住民が暮らす予定だ。

このプロジェクトの狙いは、人々の暮らしを支えるあらゆるモノやサービスが情報でつながっていく時代を見据え、新たな価値やビジネスモデルを生み出すことだ。

なぜトヨタは街をまるごとつくるのか。

それは街をつくることが人々の生活をよりよくすることにつながることを知っているからだろう。ケンタッキー（1988年）、ウェストバージニア（1998年）、インディアナ（1999年）、アラバマ（2003年）、テキサス（2006年）、ミシシッピ（2011年）でトヨタが工場をつくるたびに、そのまわりには街ができて、コミュニティーができた。

ジェイミー・ボニーニさんは言う。

「これらの工場はアメリカに雇用をもたらしました。ただ仕事を増やしただけではありません。良《い》い仕事を増やしたのです。良《い》い仕事とは給与、職場環境、やりがいのすべてにおいて『良い』という意味です」

ミシェル・トーマスさんは振り返る。

「私がトヨタに入社した１９９１年、ジョージタウンはケンタッキー州の中でも小さな町でした。ただ広大な土地が広がっていて、何もなかったのです。それが今はどうでしょう。レストランができ、ホテルができ、住宅地ができ、人々が賑わう街になりました。トヨタはアメリカの人々の生活をよくすることに大きな貢献をしてきたのです」

これから静岡県内に建設するウーブン・シティではＴＲＩの研究も実証されていく予定だ。プラットさんは言う。

「私たちの研究の目的は、人間の能力を増幅するテクノロジーを開発することです。私たちは、この考え方を『知能増幅（Intelligence Amplification）』と呼んでいます。豊田社長もおっしゃっているように、増幅するのは身体的な動きに限りません。人間の心をより感動させるようなテクノロジーも開発していく予定です」

「人間性の尊重」をテーマに開発されたテクノロジーを実証する世界初の都市が、今まさに日本で生まれようとしているのだ。

終章

日本の強みを自覚せよ

国のブランドランキングで1位

序章から第5章まで、ハーバードの教員や学生がどのような経営の基本を日本から学んでいるのかを探ってきた。ここからは、日本という国にはどういう強みがあるのかを教授陣の分析をもとにお伝えしていきたい。

経営学者のピーター・ドラッカーは「成果をあげるためには、人の強みを生かさなければならない」[*1]「弱みをもとにすることは、組織本来の機能に背く。組織とは、強みを成果に結びつけつつ、弱みを中和し無害化するための道具である」[*2]と唱えているが、これは国にもあてはまるのではないだろうか。

ハーバードのルイス・ウェルズ名誉教授は「企業と同じように国の成長にも戦略が必要だ」というが、その戦略を立案する上で重要なのが自らの強みを知ることだ。

日本ではとかく「弱み」「課題」ばかりがクローズアップされる。学校教育でも重視されるのは「苦手科目の克服」「弱点の克服」である。しかしながら、ドラッカーの理論を国に応用するならば、世界全体をよりよくするために日本が貢献するには、まずは「日本の強みを最大限に発揮するのがいちばん」であり、「弱いところは他の国や国際社会に補ってもらえばいい」ということになる。

これまでハーバード大学、ハーバード大学経営大学院で50人を超える教授陣にインタビューしてきたが、その多くが述べていたように日本の最大の強みが「人的資本」であることは間違いない。日本経済が今後も成長していくには、その強みである「人」を生かすことが最も重要なのである。

今回はそれを踏まえた上で「文化」「イノベーション」「リーダーシップ」の観点から、日本の強みについて分析していきたい。

ハーバードの学生は「日本は国としての評価が高い」と口々に言うが、それは様々なデータからも明らかになっている。『場所のブランド・マネジメント』[*3]という教材を執筆し、国のブランド力について研究するエリー・オフェク教授は言う。

「日本のブランド力が総じて高いのは事実です。様々なブランドランキングを見てみても、日本は必ずトップ5に入っています」

カントリー指数ランキング

1	日本
2	ノルウェー
3	スイス
4	スウェーデン
5	フィンランド
6	ドイツ
7	デンマーク
8	カナダ
9	オーストリア
10	ルクセンブルク

※アメリカは12位、中国は29位。
出典：Future Brand, "Future Brand Country Index 2019" p. 16.

主な国のブランドランキングを見てみよう。

「アンホルトGfK国家ブランド指数ランキング」では2位、[*4]「USニュース&ワールド・リポート『世界最高の国』ランキング」では3位、[*5]「フューチャーブランド・カントリー指数ランキング」では1位を獲得している。[*6]

これらのランキングを見ると、GDPの大きさと国のブランド力とは全く別物であることがわかる。つまり日本の国としてのブランドは揺るぎないものになっているのだ。中でも「テクノロジー」「インフラストラクチャー」「文化遺産」「医療」「教育」などの分野で高く評価されている。

オフェク教授は、文化遺産の中でも特に日本の食文化に注目している。

「今、世界では、健康志向が強まっています。『日本食は健康に良い』というイメージはすでに定着していますから、日本の食品企業はこの強みを最大限に生かし、マーケティングメッセージでも強調すべきでしょう」

同じく文化製品のグローバル戦略について教えているファン・アルカーセル教授は言う。

「日本の文化には、国境を超えて世界中の人々に訴えかけるものがたくさんあると思います。日本人特有の和の精神や美意識などが『遺産』として蓄積されていて、それが製品に反映されていると思います。

日本の最大の強みは、その独自の文化です。国外の人からはなぜこのような美しい製品をつくることができるのか、全く想像もつきません。料理でいうところの『秘伝のソース』がわからないのです。だからこそ、日本の製品は海外の人々がコピーするには難しい。そこに大きな価値があります。日本は、この独自の文化遺産を生かした製品やサービスをどんどん開発し、世に出すべきでしょう」

アルカーセル教授は日本のクールジャパン政策についても、こう提言している。

「私がクールジャパンプロジェクトについて日本政府に助言したいことは3つあります。1つめは、文化に関わる製品やサービスが海外で浸透するには時間がかかることを理解すること。2つめは、民間企業や起業家をさらに支援し、マーケット主体で注力製品を決めること。そして3つめは、最初から特定のプロジェクト、製品、サービスに巨額の投資をしないことです」

この高いブランド力を最大限に生かして、戦略的に文化製品を育成し、輸出していくことが大切なのだ。

経済複雑性指標が示す日本の潜在能力

次に日本の経済力についてはどうだろうか。経済成長を測る指標として最もよく使われているのはGDPの成長率だが、「GDPに代わる新たな指標」として今、世界で注目されているのが、「経済複雑性指標（ECI）」だ。

ECIはマサチューセッツ工科大学とハーバード大学の研究者が共同で開発した指標。各国の社会に「どれだけ知識が集積されているか」を数値化したものだ。それぞれの国の輸出品をふかんでとらえ、輸出品の多様性、遍在性、製造可能国数等を分析することによって、製品やサービスを生み出すための国のケイパビリティ（企業でいうところの組織能力）を測定する。[*7]

「経済複雑性が高い」とは、産業の多様化が進んでいて、他の国がなかなか製造できないような高付加価値製品を多く有していることを意味する。反対に「経済複雑性が低い」とは、「輸出のほとんどを特定の資源が占める」といったように知識集約型産業が発展していないことを示している。

ハーバード大学国際開発センター「グロースラボ」が毎年、ECIの世界ランキングを発

経済複雑性指標ランキング

1	日本
2	スイス
3	韓国
4	ドイツ
5	シンガポール
6	チェコ
7	オーストリア
8	フィンランド
9	スウェーデン
10	ハンガリー

※アメリカは12位、中国は19位。
出典：The Growth Lab at Harvard University, The Atlas of Economic Complexity, http://atlas.cid.harvard.edu

表しているが、最新のランキングで日本は1位[*8]。過去のランキングを見ても1995年からずっと1位を維持している。これは驚異的なことだ。

つまり経済複雑性の観点から見れば、日本は世界で最も知識が集約された社会ということになる。

ハーバードは「現時点でのケイパビリティの多様性と複雑性は、その国の経済成長に甚大な影響を与える」としているが、この指標からはGDPの成長率からは見えない日本の潜在能力と世界への影響が見えてくるのである。

日本の製造業は強い

本書でこれまで伝えてきたとおり、ハーバードで取り上げられている日本企業の多くは依然として製造業企業である。日本はかつてほど革新的なイノベーションを創出していないと

製品・サービス輸出の複雑性（2017年）

第1位　日本

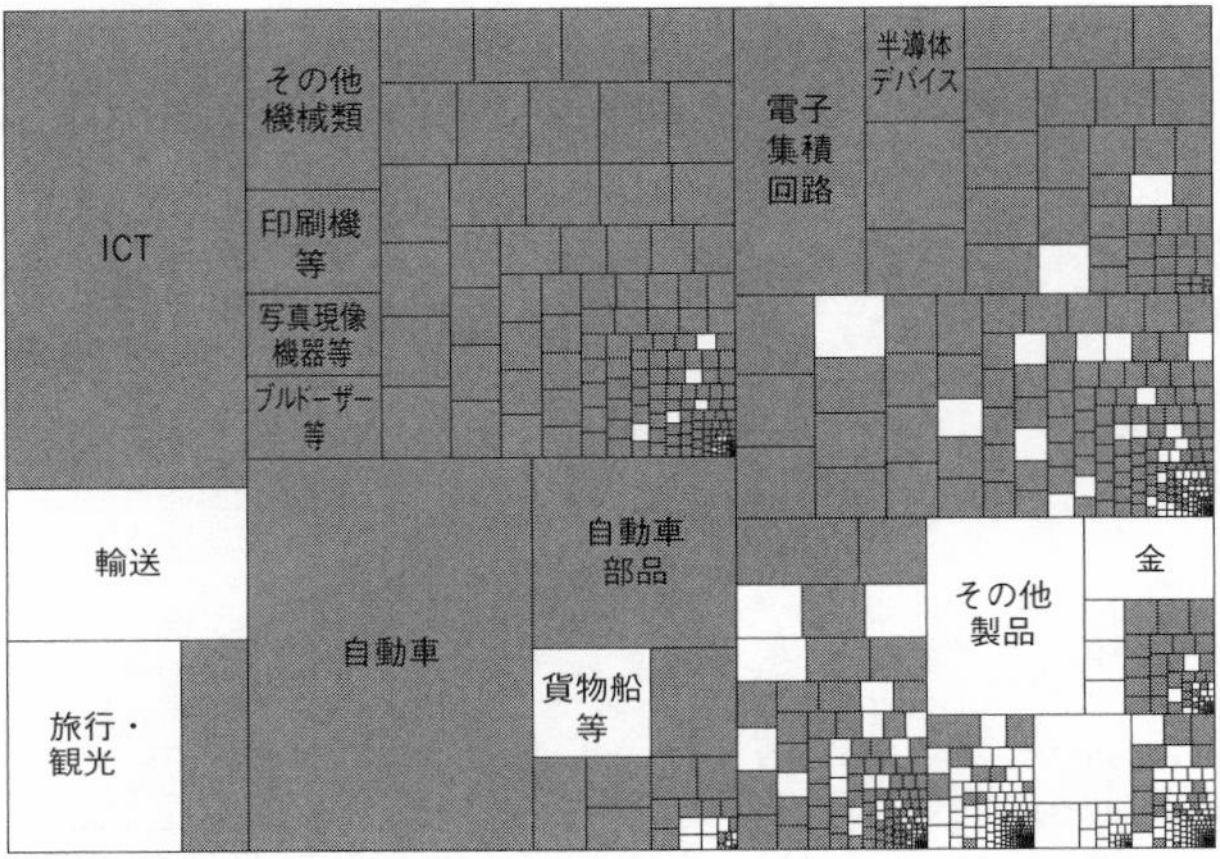

第133位　ギニア
（最下位）

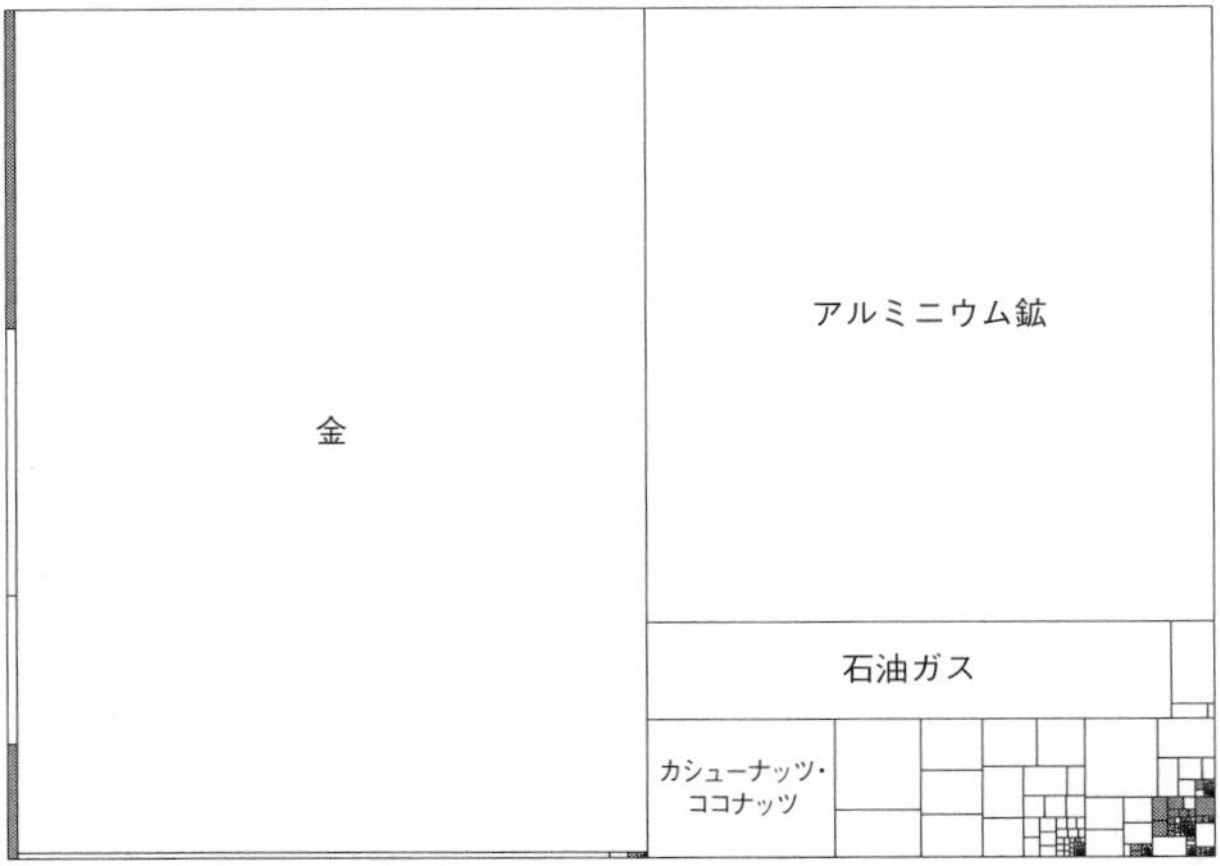

■ 複雑性の高い産業　□ 複雑性の低い産業

（出所）The Growth Lab at Harvard University, The Atlas of Economic Complexity, http://atlas.cid.harvard.edu
カラーの元データを簡略化。

は言われているが、前ページの図を見てもわかるとおり、製造業がイノベーションの源泉であることに変わりはない。

アメリカではトランプ大統領が輸入制限や関税率の引き上げによって、特定の産業を保護するとともに、国内に工場をつくり、雇用者数を増やす政策を推進している。その主な目的は票集めだが、ゲイリー・ピサノ教授はテクノロジーの流出の観点から、国内生産の重要性を主張している。ピサノ教授は次のように警鐘を鳴らす。

「『ローテク製品の生産は中国、ハイテク製品の生産はアメリカ』ときっちりすみわけができていて、重要な技術は国外に出していないから大丈夫だ、という意見もありますが、これは間違った見方だと思います。

多くのグローバル企業がコスト削減のために生産拠点をアメリカ国外に移してしまったために、アメリカから重要な周辺技術が流出しています。環境技術、エネルギー、バイオテック、航空宇宙、医療機器などの分野において、かつての優位性が脅かされつつあるのです。こうした中、何を国外に移し、何を国内に残すのかを見極めることが重要なのですが、その対策が十分ではないと感じています」

一方、日本の製造業については高く評価している。

「世界的に見ても、日本の製造業が依然として強いことに変わりはありません。ホンダジェットから私が学んだのは、日本企業のイノベーション力は、長期的な視野で物事を考える風土から生まれていることです。これが日本の製造業の強さにつながっていると思います」

さらにピサノ教授は、日本企業の事例は大企業であっても卓越したイノベーションが起せることを教えてくれるという。

「今や『大企業になればなるほど、保守的になり、コアビジネスとその周辺ビジネスばかりに注力してしまうため、ベンチャー企業のようなイノベーションを起こしにくくなる』というのが定説になりつつあります。私もこれまで多くの経営者から『大企業から革新的な製品を生み出すのはとても難しい』『イノベーションを起こすには会社が大きすぎる』といった悩みを聞いてきました。しかし私の独自の研究や経験から、それが誤った思い込みであることがわかっています。大企業であっても、組織能力を再構築し、イノベーションを起こす方法はあるのです」

ウィリー・シー教授は今後、テクノロジーとイノベーションの観点からさらに日本企業を研究していきたいと語る。

「トヨタ、ホンダ、ソニーは継続して研究しつづけたいですが、そのほかには2つ注目している企業があります。1つは任天堂で、もう1つは東レです。東レは過去20年間で赤字に転じた時期もありましたが、炭素繊維の研究費は削りませんでした。東レは1960年代から40年以上にわたってひたすら研究を続け、それが一大事業へと成長しました。これはまさに日本の長寿企業の強みであると思います」

日本企業の中では、今も水面下で着々とイノベーションが生まれつつあるのだ。

日本独自の方法でイノベーションを創出せよ

近年、日本の課題としてよく挙げられるのが、「イノベーションを牽引してくれる起業家の不足」だ。他の先進国と比べても、日本は会社を起業する人が圧倒的に少ない国なのだという。その要因としては「起業環境が整っていないこと」「日本人が失敗を過度に恐れること」などが指摘されている。

グローバル・アントレプレナーシップ・モニターの調査によれば、日本は「起業機会」「起業環境」の項目で49カ国中49位。「起業への意欲」の項目で46位、「起業家の社会的ステータス」の項目で42位といずれも最低ランク。[*9] 先ほどの「経済複雑性指標ランキング」とは真逆の結果になっている。

日本は起業家を志す人たちにとって本当に最悪の国なのだろうか。

これに対して、アントレプレナー・ファイナンスを教えるラマナ・ナンダ教授は違った見方を示す。


日本では、多くのイノベーションが伝統的な大企業から生まれています。特に、鉄鋼、自動車、通信分野の技術革新はめざましいものです。

日本企業の歴史をあらためて振り返ってみて、「イノベーションを起こすにはスタートアップ企業が起業（ＥＮＴＲＹ）と売却（ＥＸＩＴ）を繰り返すしかない」というのはアメリカ中心の偏った見方なのかもしれない、と思うようになりました。大企業でもイノベーションを起こし続ける方法があるのではないかと。

もしスタートアップ企業しか技術的な変革を起こせないのであれば、なぜ日本はこれほど技術大国なのでしょうか。おそらく日本は別のモデルなのです。そうであれば、日本にとって「起業環境ランキング」の順位はそれほど重要ではなくなります。

つまりナンダ教授は日本にはイノベーションを起こしていく独自の方法がある、というのだ。さらにナンダ教授は続ける。

世界のすべての人々にとって最も重要なのは、健康で文化的な生活を送ることです。日本は、貧富の格差が小さく、国民の教育水準も高く、社会福祉や医療制度も充実している国です。一方、アメリカの医療制度は不十分で、貧富、教育の格差も大きい。アメリカは先進国の中でも出産時に女性が死亡する確率が最も高い国なのです。しかし、多くのスタートアップ企業を生み出し、高い経済成長率を達成しています。

問題は、私たち人間は何のためにイノベーションを起こし続ける必要があるのか、という点です。スタートアップ企業をできるだけ多く創業することが目的でしょうか。新しいテクノロジーを生み出すことが目的でしょうか。それらは手段であって目的ではないはずです。イノベーションの目的は世界をよりよくすることです。人々がよりよい生活を送るために役立つ製品やサービスを生み出すことです。そうであれば、その目的を実現するために、日本は日本なりの方法でイノベーションを起こしていけばいいのではないかと思います。

「人を大切にするリーダーシップ」こそ日本の強み

どんな日本企業がハーバードの教材になり、ハーバードの授業で教えられているのかを分析していくと、その多くが「人を大切にするリーダーシップ」を実践している企業であることに気づくだろう。

2005年、テッセイの役員に就任した矢部輝夫《やべてるお》さんが最初に行ったのは、新幹線の清掃スタッフ一人ひとりの意見に耳を傾けることだった。「この会社を立て直すには従業員のやる気をあげるしかない」と思った矢部さんは、自らの言葉と行動でやる気を高めるリーダーシップを実践し、見事に会社を再生させていく。

ホンダエアクラフトカンパニーの藤野道格社長が実践しているのも、人を生かすリーダーシップ。創業者の本田宗一郎から脈々と引き継がれてきたホンダの伝統だ。

ソニーをV字回復させたのは、平井一夫社長が創業の精神に立ち戻り、「感動」というキーワードで社員のやる気を引き出したことだった。

トヨタ自動車の「トヨタウェイ」は創業以来、「暗黙知」として受け継がれてきた経営上の信念や価値観を目に見える形で、体系的に理解できるようにしたものだ。その2つの柱である「知恵と改善」と「人間性尊重」はいずれも「人」を中心とした概念だ。

リクルートとディスコは、社員の幸せと会社の幸せの両方を実現できる組織とはどんな組織かを徹底的に考えた。リクルートは独自の人事・組織システムをつくり、ディスコは理念を実現するための会計システムを開発した。

日本の戦後の成長ビジョンを描いた通産省の官僚たちは、「1億人の国民が豊かになれるためにはどうしたらいいか」を必死に考えた。

なぜ日本企業はこれほど人を大切にするのだろうか。それは日本の歴史に関係しているのではないか、とハーバードの教授陣は分析している。

日本は江戸時代から続く企業が3000社以上もある世界一の長寿企業大国だ。そこには長い歴史から学んできた知恵がつまっている。

日本の先人たちは、資源がない国が成長するには、人間の能力を生かすしかないことを知っていた。江戸時代の藩主は藩の力を強くするために教育に力を注いだ。その対象は武家の子どもに限らなかった。農民であっても女性であっても読み書きそろばんを学ぶことができた。

ハーバード大学のエズラ・ヴォーゲル名誉教授は「日本の指導者は、江戸時代のサムライの考え方を受け継いでいると思います。藩主が自分の藩を豊かにしたいと思ったのと同じように、トヨタ自動車の経営者は社員と町の人々を豊かにしたいと思う。明治以降、日本は資本主義国家になりましたが、指導者は武士の精神を持っているサムライのままです[*10]」と述べている。

ハーバードの教員も学生も「日本の事例を学んで、会社とは何のためにあるのか、仕事とは何のために行うものなのか、深く考えさせられた」と口々に言うが、その理由は、経済学や経営学の中にある人間性を思い起こさせてくれるからではないだろうか。

課題解決のヒントは日本にある

日本にはこれほどの強みがあるのに、なぜ日本経済は停滞しているのか。

前述のハーバード大学の「グロースラボ」の予測によれば、2027年までの日本の国民一人あたりのGDP成長率は年率約2%[*11]。経済成長は「経済が複雑化していく過程」で起こるものなので「経済複雑性が高度に進んでいる日本でこれ以上の高い成長率を達成するのは難しい」と分析している。

そうはいっても、世界一の知識集約国家としての能力をもう少し生かす方法はないものだろうか。

ハーバードの教授陣に「日本の課題は何ですか」と質問すると、その多くが指摘するのが「グローバル化」「若者と女性の活用」「イノベーションの創出」である。

人口の少子高齢化が進んでいる日本で国内需要が伸びるとは考えづらい。経済成長するには、海外市場に出ていくしかないのは明らかなことだ。

日本企業に勤める優秀な若手社員が外資系企業にこぞって転職するのはなぜか。それは戦後「年功序列」「男性中心」で成長してきた日本企業には、若者や女性を生かす仕組みが整っていないからである。これが日本企業の競争力を相対的に弱めることにつながっている。

イノベーションの創出については、戦後の日本に比べると、どうしても「見劣りする」というのが教授陣の率直な意見だ。

では課題を解決するにはどうしたらいいか。多くの教授が言っていたのは、「日本の課題解決のヒントは、すべて日本の中にある」ということ。実際、日本企業の中でも課題解決に成功している企業や成功しつつある企業はたくさんある。本書で紹介した企業はまさにその模範例だろう。

ただし、課題解決には必須条件がある。それは変革を導くリーダーの存在だ。ハーバードが授業で繰り返し教えているのは「あなたがリーダーになって変革を主導すれば、会社も世界もよりよく変えられる」ということ。それは何も創業者や社長に限った話ではない。一つの部門のトップでも、開発チームのリーダーでもいい。日本企業の官僚主義や前例主義に押しつぶされることなく、課題を突破していく人が絶対的に必要なのだ。これから日本企業が成長していけるかどうかは、結局のところどれだけそういうリーダーが出てくるかどうかにかかっているといっても過言ではない。

これからも日本から多くの優れたリーダーが輩出することを期待したい。今後、どんな日本企業、日本政府のリーダーを主人公とした教材がハーバードで出版されていくのだろうか。次作で新しい事例を読者の皆様に紹介するのを楽しみにしている。

おわりに

『ハーバードでいちばん人気の国・日本』の続編にあたる本書を執筆するにあたって、心がけたことが3つありました。1つめは、2016年以降に書かれた新しい教材やそれをもとにした授業をできる限り多く紹介すること。2つめは、教材の主人公となった日本企業や日本政府のリーダーに実際に取材して、「ハーバードが学ぼうとしていること」の本質により深く迫ること。そして3つめは、教材に登場する製品やサービスを実際に試してみることです。

日米を往復しながらの取材は1年半に及びましたが、私にとっては日本企業の魅力や強みを再発見するまたとない機会となりました。

ホンダエアクラフトカンパニーでは生産工場などを見学させていただいただけではなく、ホンダジェットにも試乗させていただきました。それはこれまでの飛行機とは全く違った体験であり、まさに「空飛ぶクルマ」に乗っているような感覚でした。「革新的なイノベーション」とはこういうものか、と実感した次第です。

ディスコでは「ダイシングソーでシャープペンシルの芯の断面を切る」という作業を実際に体験させてもらいました。ディスコが挑戦してきたミクロンの世界に少しだけ足を踏み入れることができました。亀田製菓では工場見学に加え、できたての「亀田の柿の種」を試食させていただきました。この小さな柿の種に50年分の技術がつまっているのか、と思うと感慨深いものがありました。

ソニーでは「ＣＭＯＳイメージセンサー」の実物を見せてもらいました。トランジスタの開発から脈々と続く半導体部門の歴史が小さな小さなイメージセンサーに集約されていることを知りました。

トヨタ自動車の北米本社の真新しいオフィスを訪れたとき、最も印象に残ったのはありとあらゆるところに「手書きの文字」があふれていたことでした。理由を聞いてみると、トヨタでは「思考のプロセス」を大事にしているから、パワーポイントよりも「手書きの紙や白板」をもとに議論することが多いとのこと。学習する組織の真髄を垣間見た気がしました。

本書の取材に協力してくださった左記のハーバード大学経営大学院の教授陣、学生・卒業生の皆様には、あらためて感謝の意をお伝えしたいと思います。

【教授陣】
Juan Alcácer, Ethan S. Bernstein, Amy C. Edmondson, Shikhar Ghosh, Geoffrey G. Jones, Ramana Nanda, Elie Ofek, Gary P. Pisano, Willy C. Shih, Sandra J. Sucher, Stefan H. Thomke, Michael L. Tushman, Louis T. Wells（アルファベット順）

【学生・卒業生の皆様】
Aimmy Asavatevavith, Perry Chung, Hisashi Kubodera, Roni Luo, Gavin Ovsak, Lily Peng, Adi Raghunathan, Megumi Takada, Ryo Takahashi, Johannes Theissen, Yuki Yaguchi（アルファベット順）

また多忙の中、ロングインタビューに応じてくださった藤野道格氏（ホンダエアクラフトカンパニー）、大橋徹二氏（コマツ）、武藤文雄氏（コマツ）、関家一馬氏（ディスコ）、小長啓一氏（元通商産業省）、岡田光信氏（アストロスケール）、田中通泰氏（亀田製菓）、竹田将人氏（ソニーセミコンダクタソリューションズ）、増田尚宏氏（日本原燃）、ジェイミー・

ボニーニ氏（トヨタプロダクションシステム・サポートセンター）、ギル・プラット氏（トヨタ・リサーチ・インスティテュート）（登場順）には心よりお礼を申し上げます。

アメリカ・テキサス州のトヨタプロダクションシステム・サポートセンターの取材にあたっては堀之内貴司氏に多大なるご尽力をいただきました。

またホンダエアクラフトカンパニー、コマツ、ディスコ、アストロスケール、亀田製菓、ソニー、日本原燃、トヨタ自動車の広報チームの皆様にはあらためて感謝の意を伝えたいと思います。現場を取材させていただき、現場で働く社員の皆様にお話をうかがうことで初めてわかったことがたくさんありました。

最後に、本書の出版に際しては、日経ＢＰ日本経済新聞出版本部の赤木裕介氏と雨宮百子氏にこの上ないご協力を賜りました。心より感謝申し上げます。

二〇二〇年六月

佐藤智恵

注

序章

＊**1** ２０１９年３月取材当時。２０２０年３月現在、卒業生。
＊**2** ＪＲ東日本テクノハートＴＥＳＳＥＩ「会社案内」
http://www.tessei.co.jp/company1.html
＊**3** サービス産業生産性協議会（ＳＰＲＩＮＧ）「第２回　日本サービス大賞」
https://service-award.jp/result02.html
＊**4** "Tokyo's Seven Minute Miracle," CNN *Video*, CNN, October 4, 2012.
https://edition.cnn.com/videos/bestoftv/2012/10/04/gateway-japan-seven-minute-miracle.cnn
＊**5** ２０１９年３月取材当時。２０２０年３月現在、タイソン氏、ペン氏、アサワテワウィス氏は卒業生。
＊**6** Harvard Business School, "Financial Rerport 2018,"
https://www.hbs.edu/about/financialreport/2018/Documents/financias_WEB_190429.pdf
＊**7** ２０１９年３月取材当時。２０２０年３月現在、卒業生。

第１章　ホンダエアクラフトカンパニー

＊**1** 最新機「ホンダジェット　エリート」の２０２０年３月現在の価格。
＊**2** "AIAA Aerospace Spotlight Awards Gala to Confer Top Honors," American Institute of Aeronautics

and Astronautics press release（Reston, VA, April 2, 2018）.
https://www.aiaa.org/news/news/2018/04/02/aiaa-aerospace-spotlight-awards-gala-to-confer-top-honors

＊3 Gary Pisano and Jesse Shulman, "Flying into the Future: HondaJet," HBS No. 618-012（Boston:Harvard Business School Publishing, 2018）.

＊4 Evelyn T. Christiansen and Richard Pascale, "Honda（A）," HBS No. 384-049（Boston: Harvard Business School Publishing, 1983）.

＊5 Evelyn T. Christiansen and Richard Pascale, "Honda（B）," HBS No. 384-050（Boston: Harvard Business School Publishing, 1983）.

＊6 前間孝則『ホンダジェット　開発リーダーが語る30年の全軌跡』新潮社（新潮文庫）、２０１９年、56ページ。

＊7 航空機の型式の設計に関して、構造・強度・性能が所定の基準に適合しているという証明。

＊8 破壊的イノベーション＝高機能・高価格の製品を、低価格、シンプル、かつ使い勝手がよい製品に変えるイノベーション。顧客の見えないニーズを掘り起こし、新しい市場を生み出す。ソニーのトランジスタラジオ、ホンダのスーパーカブなどが代表例。

＊9 チャールズ・A・オライリー／マイケル・L・タッシュマン『両利きの経営―「二兎を追う」戦略が未来を切り拓く』渡部典子訳、東洋経済新報社、２０１９年、48ページ。

＊10 ハーバート・A・サイモン『学者人生のモデル』安西祐一郎・安西徳子訳、岩波書店、１９９８年、１３６ページ。

＊11 National Museum of American History, "1977 Honda Civic CVCC Hatchback," https://americanhistory.si.edu/collections/search/object/nmah_1200118

第1章　コマツ

＊1「建設機械　キャタピラー、コマツが接戦」日本経済新聞、２０１９年7月12日。
https://www.nikkei.com/article/DGXMZO47231270R10C19A7YP0100/

＊2 Christopher A. Bartlett, "Komatsu Ltd.," HBS No. 385-277（Boston: Harvard Business School Publishing, 1985)

＊3 Christopher A. Bartlett, "Caterpillar-Komatsu in 1986," HBS No.387-095（Boston: Harvard Business School Publishing, 1986）.

＊4 Ashish Nanda and Georgia Levenson, "Komatsu and Dresser: Putting Two Plus Two Together," HBS No. 898-269（Boston: Harvard Business School Publishing, 1998）.

＊5 Michael Y. Yoshino, "Globalization at Komatsu," HBS No. 910-415（Boston: Harvard Business School Publishing, 2010）.

＊6 Krishna Palepu, Akiko Kanno, and Nobuo Sato, "Komatsu in China," HBS No. 114-004（Boston: Harvard Business School Publishing, 2014）.

＊7 Willy Shih, Paul Hong, and YoungWon Park, "Komatsu Komtrax: Asset Tracking Meets Demand Forecasting," HBS No. 619-022（Boston: Harvard Business School Publishing, 2018）.

＊8 中国は別サーバー。

＊9 National Aeronautics and Space Administration, "Global Positioning System History," August 7, 2017.
https://www.nasa.gov/directorates/heo/scan/communications/policy/GPS_History.html
海上保安庁宮崎海上保安部「ＧＰＳ（Global Positioning System 全地球測位システム）」
https://www.kaiho.mlit.go.jp/10kanku/miyazaki/uminohitokutitisiki/gps/setsumei.htm

＊10 坂根正弘『ダントツ経営』日本経済新聞出版社、２０１１年、１５１－１５２ページ。

＊11 神奈川県平塚市内のコマツ湘南工場。
＊12 マーク・アインシュタイン「ＩｏＴの未来を担うのは『データ駆動型ビジネスモデル』なのか」ダイヤモンド・オンライン、２０１７年10月25日。
https://diamond.jp/articles/-/146483
＊13 Farmobile, "Data Store."
https://www.farmobile.com/data-store/
＊14 Willy Shih, Paul Hong, and YoungWon Park, "Komatsu Komtrax: Asset Tracking Meets Demand Forecasting," HBS No. 619-022 (Boston: Harvard Business School Publishing, 2018), p. 6.

第1章　ディスコ

＊1 ディスコ「財務ハイライト」
２０１４年度から２０１８年度までの営業利益率
https://www.disco.co.jp/jp/ir/highlight/index.html
＊2 ２００８年度の売上高５３１億円、２０１８年度の売上高１４７５億円。
＊3 働きがいのある会社研究所（Great Place to Work® Institute Japan）「２０２０年版 日本における『働きがいのある会社』ランキング １５５社」
https://hatarakigai.info/ranking/japan/2020.html
＊4 「第1回『働きやすく生産性の高い企業・職場表彰』の受賞企業を決定しました」厚生労働省報道発表資料、２０１７年3月3日、厚生労働省公式ウェブサイト。
https://www.mhlw.go.jp/stf/houdou/0000153004.html
＊5 「２０１９年冬のボーナス調査」日本経済新聞社、２０１９年12月10日。

*6 Ethan Bernstein, Naoko Jinjo, and Yuna Sakuma, "P-Will at DISCO," HBS No. 419-035 (Boston: Harvard Business School Publishing, 2018).

*7 相田洋『ＮＨＫ電子立国 日本の自叙伝【完結】』日本放送出版協会、１９９２年、２４７ページ。

*8 ウィルの正式表記は英語。通貨単位として使う場合は will、固有名詞として使う場合は Will と表記する。本書は縦書きであることから、ドルやユーロと同じくカタカナ表記で統一させていただいた。

*9 「『働きがい』のある革新的企業のつくり方〈２〉」ダイヤモンド・オンライン、２０１７年9月29日。
https://diamond.jp/quarterly/articles/-/101

*10 ディスコ「採用情報」
「企業を健全な状態に保つため、社会常識や普遍的な原則などの『当たり前』を大切にします。また、ディスコの企業活動に虚偽や欺瞞、誇張などの『嘘』は不要です」と明記。
https://www.disco.co.jp/jinzai/disco/our_policy.html

第2章 高度経済成長

*1 Louis T. Wells, "Japan: The Miracle Years," HBS No. 702-014 (Boston: Harvard Business School Publishing, 2001).

*2 Ibid., p. 1.

*3 OECD, *The Industrial Policy of Japan* (Paris: Organization for Economic Cooperation and Development, 1972), p.15, quoted in Louis T. Wells, "Japan: The Miracle Years," HBS No. 702-014 (Boston: Harvard Business School Publishing, 2001), p. 2.

*4 ＰＨＰ総合研究所研究本部編『キーワードで読む松下幸之助ハンドブック』ＰＨＰ研究所、１９９９

年、30ページ。

＊5 河村徳士・武田晴人「通商産業政策（1980～2000年）の概要（1）総論――尾高煌之助著『通商産業政策史 1 総論』の要約――」経済産業研究所、2014年8月、4ページ。
https://www.rieti.go.jp/jp/publications/pdp/14p008.pdf

第2章 安藤百福

＊1 Geoffrey Jones and Megumi Takada, "Momofuku Ando and the Globalization of Noodles," HBS No. 320-006 (Boston: Harvard Business School Publishing, 2019).

＊2 安藤百福発明記念館編『転んでもただでは起きるな！――定本・安藤百福』中央公論新社（中公文庫）、2013年、261－279ページを参照。

＊3 同右、58ページ。

＊4 カップヌードルミュージアム 横浜「展示・アトラクション」
https://www.cupnoodles-museum.jp/ja/yokohama/

＊5 日清食品グループ「安藤百福クロニクル」
https://www.nissin.com/jp/about/chronicle/

＊6「世界で変身したカップヌードル、食文化の縮図」日経電子版、2013年7月19日。
https://style.nikkei.com/article/DGXBZO57431050X10C13A7000000/

＊7 三菱グループ「岩崎彌太郎年表」を参照。
https://www.mitsubishi.com/ja/profile/history/series/yataro/

第3章　アストロスケール

＊1 Harvard Business School, "About Arthur Rock,"
https://entrepreneurship.hbs.edu/about/Pages/history.aspx

＊2「1位に輝いた起業家は?　Forbes JAPAN『起業家ランキング２０１９』発表」フォーブス ジャパン、２０１８年11月22日。
https://forbesjapan.com/articles/detail/24009

＊3 Ramana Nanda and Matthew Weinzierl, "Financing Astroscale," HBS No. 817-025 (Boston: Harvard Business School Publishing, 2016).

＊4 直径10センチ以上のスペースデブリの数。
National Aeronautics and Space Administration, Astromaterials Research & Exploration Science ORBITAL DEBRIS PROGRAM OFFICE, "Frequently Asked Questions,"
https://orbitaldebris.jsc.nasa.gov/faq/

＊5 英語ではTough Tech. 長期的な視点で世界の重要な社会課題を解決するための技術。
左記のマサチューセッツ工科大学（ＭＩＴ）の起業支援機関、The Engine 公式ウェブサイトを参照。
https://www.engine.xyz

＊6 英語では Deep Tech. 現在の技術よりもはるかに進んだ先進技術。「巨大なインパクトを与える可能性がある」「開発に膨大な時間がかかる」「巨額の投資を必要とする」という3つの特徴を併せ持つ技術。先端素材、ＡＩ、バイオテクノロジー、ブロックチェーン、ドローン／ロボティクス、フォトニクス／エレクトロニクス、量子コンピューティングなど。左記のボストンコンサルティンググループ公式ウェブサイトを参照。
https://media-publications.bcg.com/BCG-The-Dawn-of-the-Deep-Tech-Ecosystem-Mar-2019.pdf

第3章　リクルート

＊1 Sandra J. Sucher and Shalene Gupta, "Globalizing Japan's Dream Machine: Recruit Holdings Co., Ltd.," HBS No. 318-130 (Boston: Harvard Business School Publishing, 2018).
＊2 新卒の場合。中途採用の場合は勤続5年以上。
＊3 江副浩正『リクルートのＤＮＡ―起業家精神とは何か』角川書店、２００７年、19ページ。
＊4 Ｐ・Ｆ・ドラッカー『マネジメント【エッセンシャル版】―基本と原則』上田惇生編訳、ダイヤモンド社、２００１年、９ページ。
＊5 同右、81ページ。
＊6 同右、２７６ページ。
＊7 馬場マコト・土屋洋『江副浩正』日経ＢＰ社、２０１７年、１３０ページ。
＊8 同右。
＊9 ＣＳＩカンパニーズ＝米国にて事務領域およびＩＴ領域を中心に派遣事業を展開する人材派遣会社。インディード＝世界最大級のアグリゲート型求人情報専門検索エンジンサイトIndeed.comを運営。トリートウェル＝ヨーロッパのオンライン美容予約サービス会社。グラスドア＝企業の口コミ情報を掲載する世界最大級の求人情報検索サイトGlassdoorを運営。
＊10 佐藤智恵「リクルートは世界で成功するか　ハーバードの視点」日経電子版、２０２０年１月16日。https://style.nikkei.com/article/DGXMZO54216600Z00C20A1000000
＊11 同右。
＊12 「リクルート元社長 河野栄子さん 営業一筋男女の壁越す（４）」日本経済新聞（夕刊）、２０１４年６月26日。

https://www.nikkei.com/article/DGKDZO73343360W4A620C1NNMP00/

＊13 株式会社リクルートホールディングス「有価証券報告書（自２０１８年４月１日 至２０１９年３月31日）」16ページ。

第４章 ＡＫＢ48

＊1 Juan Alcácer, Kotaro Sasamoto, Tee Chayakul, and Mayuka Yamazaki, "AKB48: Going Global? (A)," HBS No. 717-445 (Boston: Harvard Business School Publishing, 2017).

＊2 「ＡＫＢ48初のＮＹ公演、熱狂的なファンに支えられ大成功」音楽ナタリー、２００９年９月28日。
https://natalie.mu/music/news/21719

＊3 Gelengül Koçaslan, "The Role of Distance in the Gravity Model: From the View of Newton, International Economics and Quantum Mechanics," *NeuroQuantology* 15（2）(2017): 209.

＊4 財務省「最近の輸出入動向」
https://www.customs.go.jp/toukei/suii/html/time_latest.htm

＊5 パンカジ・ゲマワット『コークの味は国ごとに違うべきか　ゲマワット教授の経営教室』望月衛訳、文藝春秋、２００９年、62ページ。

＊6 同右。63ページ。

＊7 ９番目の姉妹グループ「ＭＵＢ48」（インド・ムンバイ）の結成もすでに発表されている。「インドに新たな48グループ　ＤＥＬとＭＵＢ誕生」日刊スポーツ、２０１９年６月21日。
https://www.nikkansports.com/entertainment/akb48/news/201906210000035.html

＊8 「ＪＫＴ48の躍進に見るクールジャパン成功のヒント～秋元康氏特別インタビュー～」ウェブ電通報、

２０１５年３月23日。
https://dentsu-ho.com/articles/2329

*9 The Oktoberfest in Munich "The best time to visit the Oktoberfest,"
https://www.oktoberfest.de/en/information/service-for-visitors/the-best-time-to-visit-oktoberfest-the-oktoberfest-barometer

*10 ＪＫＴ48「ＪＫＴ48劇場 公演スケジュール」
https://jkt48.com/theater/schedule

第４章　亀田製菓

*1 「海外における日本食レストラン数の調査結果（令和元年）の公表について」農林水産省報道発表資料、２０１９年12月13日、農林水産省公式ウェブサイト。
https://www.maff.go.jp/j/press/shokusan/service/attach/pdf/191213-1.pdf

*2 Elie Ofek, Nobuo Sato, and Akiko Kanno, "Kameda Seika: Cracking the U.S. Market," HBS No. 517-095 (Boston: Harvard Business School Publishing, 2017).

*3 アメリカでの商品名は Kameda Crisps（カメダクリスプス）。２０２０年３月現在は販売されていない。

*4 ビートラックス「お〜いお茶から学ぶメイドインジャパンの海外展開【インタビュー】角野賢一氏―伊藤園米国西海岸マネージャー」２０１３年６月11日。
https://blog.btrax.com/jp/itoen/

*5 アメリカ・ロサンゼルスのリトルトーキョーに１９６６年頃開店した「ＫＡＷＡＦＵＫＵ」が最初だといわれている。
"The History of Sushi in America", Michelin.com, November 15, 2019.

https://guide.michelin.com/en/article/features/sushi-history-america-los-angeles

***6** 米は28大アレルゲンには含まれていないが、「米アレルギー」をもつ方々もいる。
28大アレルゲン＝えび、かに、小麦、そば、卵、乳、落花生（ピーナッツ）、アーモンド、あわび、いか、いくら、オレンジ、カシューナッツ、キウイフルーツ、牛肉、くるみ、ごま、さけ、さば、大豆、鶏肉、バナナ、豚肉、まつたけ、もも、やまいも、りんご、ゼラチン。
消費者庁「アレルギー表示に関する情報」
https://www.caa.go.jp/policies/policy/food_labeling/food_labeling_act/pdf/food_labeling_act_190919_0010.pdf

***7** 小麦は鶏卵、牛乳とともに3大アレルゲンのひとつ。

***8** 左記の論文を参照。
Chisayo Kozuka, Sumito Sunagawa, Rei Ueda, et al., "A novel insulinotropic mechanism of whole grain-derived γ-oryzanol via the suppression of local dopamine D_2 receptor signaling in mouse islet," *British Journal of Pharmacology* 172（18）(2015): 4519-4534.
Michio Shimabukuro, Moritake Higa, Rie Kinjo, et al., "Effects of the brown rice diet on visceral obesity and endothelial function: the BRAVO study," *British Journal of Nutrition* 111（2）(2014):310-320.
Antonella Sgarbossa, Daniela Giacomazza, and Marta Di Carlo., "Ferulic Acid: A Hope for Alzheimer's Disease Therapy from Plants," *Nutrients* 7（7）(2015): 5764-5782.
谷口久次・橋本博之・細田朝夫・米谷俊・築野卓夫・安達修二「米糠含有成分の機能性とその向上」日本食品化学工学会誌　59巻7号（2012）、301－318ページ。

***9** Yuki Higuchi, Michihiro Hosojima, Hideyuki Kabasawa, et al., "Rice Endosperm Protein Administration to Juvenile Mice Regulates Gut Microbiota and Suppresses the Development of High-Fat Diet-Induced

Obesity and Related Disorders in Adulthood," *Nutrients* 11 (12) (2019): 2919.

＊10 ＥＳＧ＝「Environment（環境）」「Social（社会）」「Governance（企業統治）」の頭文字を取った略語。ＥＳＧ企業とはＥＳＧを重視した経営を実践している企業。

＊11 亀田製菓「亀田の柿の種　比率見直し委員会」

https://www.kakitane.jp

＊12 ２０２０年3月5日、「亀田の柿の種」の柿の種とピーナツの比率（重量比）を、従来の「６：４」から「７：３」に変更すると発表した。同年６月に新比率の商品を発売予定。

https://www.kakitane.jp/report03/

＊13 「ピーナッツ入りの柿の種」の歴史は約50年。「柿の種」そのものは１９５０年から製造しているため約70年。

第5章　ソニー

＊1 Stefan Thomke, Atsushi Osanai, and Akiko Kanno, "Sony," HBS No. 618-045 (Boston: Harvard Business School Publishing, 2018).

＊2 相田洋『ＮＨＫ電子立国 日本の自叙伝【上】』日本放送出版協会、１９９１年、３１２ページ。

＊3 ソニー「Sony History　第4章　初めての渡米〈トランジスタの自社生産〉」

https://www.sony.co.jp/SonyInfo/CorporateInfo/History/SonyHistory/1-04.html

＊4 トランジスタとは、弱い電気信号を強い信号に変える増幅器としての役割や、電気信号の流れを高速にＯＮ／ＯＦＦするスイッチとしての役割を果たす小さな電子素子のこと。半導体と呼ばれる物質からできている。半導体とは、金属のように電気を通しやすい物質（導体）とゴムやプラスチックのように

電気を通さない物質（絶縁体）のちょうど中間的な性質を持つ物質のことで、１９５０年代当時はおもにゲルマニウムを意味した。左記のインテル公式ウェブサイトの説明を参照。
https://www.intel.co.jp/content/www/jp/ja/innovation/transworks.html

*5 相田洋『ＮＨＫ電子立国 日本の自叙伝【上】』日本放送出版協会、１９９１年、３２１ページ。

*6 アメリカで大ヒットしたのは「ＴＲ－63」「ＴＲ－６１０」。

*7 ソニー「Sony History 第16章 個人的な理由〈トリニトロンカラーテレビ〉」
https://www.sony.co.jp/SonyInfo/CorporateInfo/History/SonyHistory/1-16.html

*8 盛田昭夫／下村満子／Ｅ・ラインゴールド『ＭＡＤＥ ＩＮ ＪＡＰＡＮ』下村満子訳、朝日新聞社（朝日文庫）、１９９０年、１４５ページ。

*9 ２０２０年3月現在はシニアアドバイザー。

*10 日経産業新聞編『ＳＯＮＹ平井改革の１５００日』日本経済新聞出版社、２０１６年、３２０ページ。

*11 ＧＭＰ（General Management Program）。ＡＭＰ（Advanced Management Program）と並び、エグゼクティブ講座の看板プログラムの一つ。

*12 ソニー株式会社「有価証券報告書（自２０１１年4月1日 至２０１２年3月31日）」１ページ。
https://www.sony.co.jp/SonyInfo/IR/library/h23_q4.pdf

*13 Apple, 1997 Annual Report, p. 10.
https://investor.apple.com/sec-filings/sec-filings-details/default.aspx?FilingId=1202150

*14 光を電気信号に変換する撮像素子の総称。デジタルカメラやスキャナの「眼」の役割を担う部品のこと。

*15 ソニー「設立趣意書」
https://www.sony.co.jp/SonyInfo/CorporateInfo/History/prospectus.html

*16 同右。
*17 日経産業新聞編『ＳＯＮＹ平井改革の１５００日』日本経済新聞出版社、２０１６年、43ページ。
*18 「ソニー15年3月期、最終赤字１２６０億円に縮小　テレビ営業黒字に」日本経済新聞、２０１５年4月22日。
https://www.nikkei.com/article/DGXLASDZ22HNF_S5A420C1TJ2000/
*19 「ソニー、3期連続最高益　4～9月期営業　半導体けん引」日本経済新聞、２０１９年10月30日。
https://www.nikkei.com/article/DGXMZO51584970Q9A031C1EA1000/
*20 ＣＭＯＳ（相補型金属酸化膜半導体）を用いた撮像素子。スマートフォンやデジタルカメラなどに利用される。ＣＣＤ（電荷結合素子）に比べて消費電力が小さいのが特徴。
*21 「ＣＥＳ ２０２０出展について」ニュースリリース、２０２０年1月7日、ソニー公式ウェブサイト。
https://www.sony.co.jp/SonyInfo/News/Press/202001/20-001/

第5章　福島第二原発

*1 Amy C. Edmondson, "Psychological Safety and Learning Behavior in Work Teams," *Administrative Science Quarterly* 44（2）（1999）: 354.
*2 グーグル「『効果的なチームとは何か』を知る」
https://rework.withgoogle.com/jp/guides/understanding-team-effectiveness/steps/define-effectiveness/
*3 Amy C. Edmondson, *The Fearless Organization: Creating Psychological Safety in the Workplace for Learning, Innovation, and Growth* (Hoboken, NJ: John Wiley & Sons, 2018).
*4 William Edwards Deming, *Out of the Crisis: reissue*（Boston, MA:The MIT Press, 2018）, p. 22.

＊5 佐藤智恵『ハーバードでいちばん人気の国・日本』ＰＨＰ研究所（ＰＨＰ新書）、２０１６年、２００－２１１ページ。

＊6 東京電力ホールディングス「福島第一原子力発電所事故の経過と教訓」
http://www.tepco.co.jp/nu/fukushima-np/outline/
「福島第一原発 廃炉完了に最長40年」ＮＨＫニュース、２０１６年3月11日。
https://www3.nhk.or.jp/news/genpatsu-fukushima/20160311/0518_saityou40year.html

＊7 Ranjay Gulati, Charles Casto, and Charlotte Krontiris, "How the Other Fukushima Plant Survived," *Harvard Business Review* 92, nos.7/8 (July-August 2014):111-115 をもとに加筆、修正。

＊8 最大人数。

＊9 Amy C. Edmondson, *The Fearless Organization: Creating Psychological Safety in the Workplace for Learning, Innovation, and Growth* (Hoboken, NJ: John Wiley & Sons, 2018): 83-86

＊10 Ibid., 79-82.
マルコム・グラッドウェル『天才！成功する人々の法則』勝間和代訳、講談社、２００９年、２００－２３０ページ。

＊11 Amy C. Edmondson, *Teaming: How Organizations Learn, Innovate, and Compete in the Knowledge Economy* (Hoboken, NJ: John Wiley & Sons, 2012): p.139. 一部意訳。

第5章　トヨタ自動車

＊1 Jeffrey K. Liker, *The Toyota Way: 14 Management Principles from the World's Greatest Manufacturer* (New York, NY: McGraw-Hill, 2004).

＊2 物と情報の流れ図＝一つの製品ができるまでの全工程を洗い出し、淀みのない流れ（短いリードタイ

ム）を作るために、物と情報の停滞を見つけ、改善に結びつけるための図。

＊3 現地現物＝現場に足を運んで事実を確認し、本質を見極めること。

＊4 平準化＝人、設備のムダや在庫の低減を目的に、生産する物の種類や量を総合的に平均化すること。

＊5 5S＝整理、整頓、清掃、清潔、躾。

＊6 プルシステム＝後工程引き取り。後工程が必要なものを必要な時に必要な量だけ前工程から引き取ってくるという仕組み。

＊7 Kazuhiro Mishina, "Toyota Motor Manufacturing, U.S.A., Inc.," HBS No. 693-019 (Boston: Harvard Business School Publishing, 1992).

＊8 トヨタの経営哲学であるＴＰＳ（Toyota Production System）を社外に応用することによって地域社会に貢献すべく、１９９２年に設置された。それ以降、ＮＰＯ法人化を経て、製造業だけでなく、公的機関や医療機関のほか、災害復興や被災者への食料支援に取り組む非営利団体など、３００以上の支援先にＴＰＳのノウハウを共有し、オペレーション上の課題解決やリソーセスの最大活用、雇用の維持・創出につながる改善活動などの支援に取り組んできた。

＊9 直訳は「マネジメントの役割」。マネジメントの役割には①人財育成、②改善を続けるための組織サポートと改善報告への参画およびアドバイスという2つの要素がある。詳細については左記ウェブサイト参照。

Toyota Production System Support Center "About TSSC"

https://www.tssc.com/about.php

＊10 野地秩嘉『トヨタ 現場の「オヤジ」たち』新潮社（新潮新書）、２０１８年、70－71ページ。

＊11 １９８８年〜１９９４年、トヨタ・モーター・マニュファクチャリング・ＵＳＡ（ＴＭＭ）社長。

＊12 ２０２０年3月現在は Toyota Production System Support Center, Inc. 勤務。

＊13 シーナ・アイエンガー／フランシス・フクヤマ／ダロン・アセモグル／クリス・アンダーソン／リチャード・フロリダ／クレイトン・クリステンセン／カズオ・イシグロ『知の最先端』大野和基編、PHP研究所（PHP新書）、2013年、158ページ。本書で紹介したホンダジェットが誕生する前のインタビュー。

＊14 同右、153－158ページ。トヨタのプリウスは持続的イノベーションであり破壊的イノベーションではない。

＊15 2020年3月現在は Toyota Production System Support Center, Inc. シニアマネジャー。

＊16 大野耐一『トヨタ生産方式―脱規模の経営をめざして―』ダイヤモンド社、1978年、214ページ。

終章

＊1 P・F・ドラッカー『プロフェッショナルの条件―いかに成果をあげ、成長するか―』上田惇生編訳、ダイヤモンド社、2000年、189ページ。

＊2 同右、192ページ。

＊3 Elie Ofek and Nathaniel Schwalb, "The Brand Management of Places," HBS No. 519-007 (Boston: Harvard Business School Publishing, 2018.)

＊4 "Germany Retains Top 'Nation Brand' Ranking, U.S. Out of Top Five Again," Ipsos press release (Washington DC, October 24, 2018). https://www.ipsos.com/sites/default/files/ct/news/documents/2018-10/nation-brands-index-2018-pr-2018-10-24-v2.pdf

＊5 U.S. News & World Report, "Overall Best Countries Ranking," https://www.usnews.com/news/best-countries/overall-rankings

*6 Future Brand, "Future Brand Country Index 2019" (PDF file), downloaded from Future Brand website, p. 16.
https://www.futurebrand.com/uploads/FCI/FutureBrand-Country-Index-2019.pdf

*7 The Growth Lab at Harvard University, The Atlas of Economic Complexity, "Glossary"
http://atlas.cid.harvard.edu/glossary

*8 The Growth Lab at Harvard University, The Atlas of Economic Complexity, "Complexity Rankings"
http://atlas.cid.harvard.edu/rankings

*9 Global Entrepreneurship Monitor. "GEM 2018/2019 Global Report" (PDF file), downloaded from GEM website, p. 88.
https://www.gemconsortium.org/report

*10 佐藤智恵『ハーバード日本史教室』中央公論新社（中公新書ラクレ）、２０１７年、１３７－１３８ページ。

*11 The Growth Lab at Harvard University, The Atlas of Economic Complexity, "Japan,"
http://atlas.cid.harvard.edu/countries/114

主要参考文献

【書籍】


アイエンガー、シーナ／フランシス・フクヤマ／ダロン・アセモグル／クリス・アンダーソン／リチャード・フロリダ／クレイトン・クリステンセン／カズオ・イシグロ『知の最先端』大野和基編、ＰＨＰ研究所（ＰＨＰ新書）、２０１３年。

相田洋『ＮＨＫ電子立国 日本の自叙伝【上】』日本放送出版協会、１９９１年。

相田洋『ＮＨＫ電子立国 日本の自叙伝【完結】』日本放送出版協会、１９９２年。

安藤百福『魔法のラーメン発明物語 私の履歴書』日本経済新聞出版社（日経ビジネス人文庫）、２００８年。

安藤百福発明記念館編『転んでもただでは起きるな！―定本・安藤百福』中央公論新社（中公文庫）、２０１３年。

江副浩正『リクルートのＤＮＡ―起業家精神とは何か』角川書店（角川ｏｎｅテーマ21）、２００７年。

エドモンドソン、エイミー・Ｃ『チームが機能するとはどういうことか―「学習力」と「実行力」を高める実践アプローチ』野津智子訳、英治出版、２０１４年。

大野耐一『トヨタ生産方式―脱規模の経営をめざして―』ダイヤモンド社、１９７８年。

岡田光信『愚直に、考え抜く。―世界一厄介な問題を解決する思考法』ダイヤモンド社、２０１９年。

オライリー、チャールズ・Ａ／マイケル・Ｌ・タッシュマン『両利きの経営「二兎を追う」戦略が未来を切り拓く』渡部典子訳、東洋経済新報社、２０１９年。

川邉信雄『「国民食」から「世界食」へ―日系即席麺メーカーの国際展開―』文眞堂、２０１７年。

グラッドウェル、マルコム『天才！　成功する人々の法則』勝間和代訳、講談社、2009年。

クリステンセン、クレイトン『イノベーションのジレンマ　増補改訂版』伊豆原弓訳、翔泳社、2001年。

クリステンセン、クレイトン／マイケル・レイナー『イノベーションへの解』櫻井祐子訳、翔泳社、2003年。

クリステンセン、クレイトン／スコット・アンソニー／エリック・ロス『イノベーションの最終解』櫻井祐子訳、翔泳社、2014年。

クリステンセン、クレイトン・M／エフォサ・オジョモ／カレン・ディロン『繁栄のパラドクス　絶望を希望に変えるイノベーションの経済学』依田光江訳、ハーパーコリンズ・ジャパン、2019年。

ゲマワット、パンカジ『コークの味は国ごとに違うべきか　ゲマワット教授の経営教室』望月衛訳、文藝春秋、2009年。

サイモン、ハーバート・A『学者人生のモデル』安西祐一郎・安西徳子訳、岩波書店、1998年。

坂根正弘『ダントツ経営』日本経済新聞出版社、2011年。

佐藤智恵『ハーバードでいちばん人気の国・日本』PHP研究所（PHP新書）、2016年。

佐藤智恵『ハーバード日本史教室』中央公論新社（中公新書ラクレ）、2017年。

佐藤智恵『ハーバードの日本人論』中央公論新社（中公新書ラクレ）、2019年。

杉本貴司『ホンダジェット誕生物語　経験ゼロから世界一へ』日本経済新聞出版社（日経ビジネス人文庫）、2018年。

ドラッカー、P・F『プロフェッショナルの条件──いかに成果をあげ、成長するか──』上田惇生編訳、ダイヤモンド社、2000年。

ドラッカー、P・F『マネジメント【エッセンシャル版】──基本と原則』上田惇生編訳、ダイヤモンド社、2001年。

日経産業新聞編『ＳＯＮＹ平井改革の１５００日』日本経済新聞出版社、２０１６年
野地秩嘉『トヨタ物語　強さとは「自分で考え、動く現場」を育てることだ』日経ＢＰ社、２０１８年。
野地秩嘉『トヨタ 現場の「オヤジ」たち』新潮社（新潮新書）、２０１８年。
馬場マコト・土屋洋『江副浩正』日経ＢＰ社、２０１７年。
ＰＨＰ総合研究所研究本部編『キーワードで読む松下幸之助ハンドブック』ＰＨＰ研究所、１９９９年。
前間孝則『ホンダジェット　開発リーダーが語る30年の全軌跡』新潮社（新潮文庫）、２０１９年。
盛田昭夫／下村満子／Ｅ・ラインゴールド『ＭＡＤＥ ＩＮ ＪＡＰＡＮ』下村満子訳、朝日新聞社（朝日文庫）、１９９０年。
ラルー、フレデリック『ティール組織　マネジメントの常識を覆す次世代型組織の出現』鈴木立哉訳、英治出版、２０１８年。
Deming, William Edwards. *Out of the Crisis: reissue*. Boston, MA: The MIT Press, 2018.
Edmondson, Amy C. *Teaming: How Organizations Learn, Innovate, and Compete in the Knowledge Economy*. Hoboken, NJ: John Wiley & Sons, 2012.
Edmondson, Amy C. *The Fearless Organization: Creating Psychological Safety in the Workplace for Learning, Innovation, and Growth*. Hoboken, NJ: John Wiley & Sons, 2018.
Liker, Jeffrey K. *The Toyota Way: 14 Management Principles from the World's Greatest Manufacturer*. New York, NY: McGraw-Hill, 2004.
O' Reilly, Charles A., and Michael L. Tushman. *Lead and Disrupt : How to Solve the Innovator's Dilemma*. Stanford, CA: Stanford Business Books, 2016.
Pisano, Gary P. *Creative Construction: The DNA of Sustained Innovation*. New York, NY: PublicAffairs, 2019.

Pisano, Gary P., and Willy C. Shih. *Producing Prosperity: Why America Needs a Manufacturing Renaissance*. Boston, MA: Harvard Business Review Press, 2012.

【ケース】

※ハーバード大学経営大学院の教材は次のいずれかのウェブサイトで購入することができます。一部購入できない教材もありますので、ご了承ください。

https://store.hbr.org/case-studies/

https://hbsp.harvard.edu/cases/

Alcácer, Juan, Kotaro Sasamoto, Tee Chayakul, and Mayuka Yamazaki. "AKB48: Going Global? (A)," HBS No. 717-445. Boston: Harvard Business School Publishing, 2017.

Bernstein, Ethan, Naoko Jinjo, and Yuna Sakuma. "P-Will at DISCO." HBS No. 419-035. Boston: Harvard Business School Publishing, 2018.

Christiansen, Evelyn T., and Richard Pascale. "Honda (A)." HBS No. 384-049. Boston: Harvard Business School Publishing, 1983.

Christiansen, Evelyn T., and Richard Pascale. "Honda (B)." HBS No. 384-050. Boston: Harvard Business School Publishing, 1983.

Jones, Geoffrey, and Megumi Takada. "Momofuku Ando and the Globalization of Noodles." HBS No. 320-006. Boston: Harvard Business School Publishing, 2019.

Mishina, Kazuhiro. "Toyota Motor Manufacturing, U.S.A., Inc." HBS No. 693-019. Boston: Harvard Business School Publishing, 1992.

Nanda, Ramana, and Matthew Weinzierl. "Financing Astroscale." HBS No. 817-025. Boston: Harvard Business School Publishing, 2016.

Ofek, Elie, and Nathaniel Schwalb. "The Brand Management of Places." HBS No. 519-007. Boston: Harvard Business School Publishing, 2018.

Ofek, Elie, Nobuo Sato, and Akiko Kanno. "Kameda Seika: Cracking the U.S. Market," HBS No. 517-095. Boston: Harvard Business School Publishing, 2017.

Pisano, Gary P., and Jesse Shulman. "Flying into the Future: HondaJet." HBS No. 618-012. Boston: Harvard Business School Publishing, 2018.

Shih, Willy, Paul Hong, and YoungWon Park. "Komatsu Komtrax: Asset Tracking Meets Demand Forecasting." HBS No. 619-022. Boston: Harvard Business School Publishing, 2018.

Sucher, Sandra J., and Shalene Gupta. "Globalizing Japan's Dream Machine: Recruit Holdings Co., Ltd." HBS No. 318-130. Boston: Harvard Business School Publishing, 2018.

Thomke, Stefan, Atsushi Osanai, and Akiko Kanno. "Sony." HBS No. 618-045. Boston: Harvard Business School Publishing, 2018.

Wells, Louis T. "Japan: The Miracle Years." HBS No. 702-014. Boston: Harvard Business School Publishing, 2001.

【論文】

Gulati, Ranjay, Charles Casto, and Charlotte Krontiris, "How the Other Fukushima Plant Survived" *Harvard Business Review* 92, nos.7/8 (July-August 2014) :111-115.

佐藤智恵　さとう・ちえ

１９７０年兵庫県生まれ。１９９２年東京大学教養学部卒業後、ＮＨＫ入局。ディレクターとして報道番組、音楽番組などを制作。２００１年コロンビア大学経営大学院修了（ＭＢＡ）。ボストンコンサルティンググループ、外資系テレビ局などを経て、２０１２年、作家・コンサルタントとして独立。『ハーバードでいちばん人気の国・日本』（ＰＨＰ新書）、『ハーバード日本史教室』（中公新書ラクレ）など著書多数。

日経プレミアシリーズ｜425

ハーバードはなぜ日本《にほん》の「基本《きほん》」を大事《だいじ》にするのか

二〇二〇年六月二五日　一刷

著者　佐藤智恵
発行者　白石　賢
発行　日経ＢＰ
日本経済新聞出版本部
発売　日経ＢＰマーケティング
〒一〇五―八三〇八
東京都港区虎ノ門四―三―一二
装幀　ベターデイズ
組版　マーリンクレイン
印刷・製本　凸版印刷株式会社

ISBN 978-4-532-26425-3　Printed in Japan